财务会计类专业精品课程规划教材

统计基础职业能力训练

（第三版）

● 王玉梅　刘新勇　主编

苏州大学出版社
Soochow University Press

图书在版编目(CIP)数据

统计基础职业能力训练／王玉梅，刘新勇主编．——3版．——苏州：苏州大学出版社，2023.1(2025.7重印)
ISBN 978-7-5672-4231-9

Ⅰ．①统… Ⅱ．①王…②刘… Ⅲ．①统计学－高等职业教育－教材 Ⅳ．①C8

中国版本图书馆CIP数据核字(2022)第249635号

统计基础职业能力训练（第三版）
TONGJI JICHU ZHIYE NENGLI XUNLIAN (DI-SAN BAN)
王玉梅 刘新勇 主编
责任编辑 王 亮

苏州大学出版社出版发行
（地址：苏州市十梓街1号 邮编：215006）
镇江文苑制版印刷有限责任公司印装
（地址：镇江市黄山南路18号润州花园6-1号 邮编：212000）

开本 787 mm×1 092 mm 1/16 印张 13 字数 324 千
2023年1月第3版 2025年7月第6次印刷
ISBN 978-7-5672-4231-9 定价：49.00元

图书若有印装错误，本社负责调换
苏州大学出版社营销部 电话：0512-67481020
苏州大学出版社网址 http://www.sudapress.com
苏州大学出版社邮箱 sdcbs@suda.edu.cn

第三版前言

本书是与《统计基础》教材配套的教学参考用书，其内容与教材各项目紧密配合。自出版以来，经过11年的使用，被证明是一本适合我国职业教育会计专业教学的配套用书。随着大数据与我国统计实践应用的快速发展，数据社会化与统计技术应用将职业教育重实践、重能力的人才培养目标和统计教学要求提到了更高层次。为了更好地与教材相配套，达到教育部国家规划教材的要求，有效提升高职学生专业技能和综合能力，并配合江苏联合职业技术学院核心课程名称的调整，我们在《统计认知与技术职业能力训练（第二版）》基础上对本书的名称和内容进行了必要修订。

本次修订中，在保持本书原有基本体例和风格的基础上，结合《统计基础（第三版）》的内容修订和教学需要，对各项目任务相关部分的内容进行了补充、调整与完善。无论是能力训练的内容，还是编写体例，都充分考虑了目前职业教育教学的特点，具有较强的适用性。本书的每个项目任务中设有学习引导、知识认知能力训练、专业运用能力训练、专业拓展能力训练，项目训练后附有职业能力综合测试，既有利于激发学生课前预习和课后复习的主动性，也有利于丰富教师授课内容与授课方法，提高教学质量。

本次修订的主要内容有：

1. 适应教学新需要，对书中的部分数据做了调整和更换。采用最新公布的统计资料以贴近实际，部分实例中的统计数据和统计图表优先选取政府部门发布的国民经济和社会发展统计公报以及最新的统计年鉴资料。

2. 加强了统计技术的综合能力训练，更换了部分训练题，强化Excel数据处理功能对统计整理技术与分析的能力应用，提升统计信息处理的分析能力。

3. 根据统计应用实践的新要求，在深度上对部分能力训练内容进行了调整，使其更能体现统计综合能力的应用。

4. 根据课程思政基本要求,在部分训练题中结合业务特点增加了思政元素,促进学生在做题中提升自己的思想品质。

5. 修订了个别图表的呈现形式,引用最新统计前沿成果补充部分案例资料,使之更接近统计实务情景。

由于编者水平有限,书中可能会存在一些缺点和不足之处,恳请广大读者不吝批评与指正,以便我们更好地加以完善和改进。

编 者
2022 年 12 月

前言

本书是为适应五年制高等职业教育会计类专业课程改革和精品课程建设,在会计专业人才培养方案和《统计认知与技术》课程标准的基础上,由江苏联合职业技术学院财务会计专业协作委员会开发编写的精品课程教材,也是与《统计认知与技术》配套使用的教材。

统计学是一门很古老的科学,也是一门理论性和应用性都很强的课程,随着五年制高等职业教育改革的不断深化,重实践、重技能的培养方向已成为高职教育的共识,统计课程体系中实训教学是不可或缺的。鉴于教学过程的实际需要,我们编写了这本《统计认知与技术职业能力训练》配套教材,其目的是方便学生更好地把握对相关统计理论与方法的理解,提高统计技术的实际应用能力。

本书与《统计认知与技术》教材相配套,共有八个项目,包括统计观念的建立、统计调查技术、统计整理技术、统计描述技术、静态分析技术、动态分析技术、统计指数分析技术、统计分析报告技术等内容。在每个项目中,按任务设置了学习引导、知识认知能力训练(单选题、多选题、判断题)、专业运用能力训练、专业拓展能力训练。其中,知识认知能力训练主要紧扣统计知识认知方面的能力训练,重在让学生掌握统计理论与方法的基本知识,强化和巩固对教材中的重点、难点的理解掌握,数量合理、难度适中;专业运用能力训练主要围绕统计技术应用方面的能力训练,重在培养学生分析问题、解决问题的实际应用能力;专业拓展能力训练主要围绕本项目任务具有跨越性的相关内容,重在为学生提供一个向外拓展和边缘知识搭构的平台。本书具有以下几个特点:

(1)结构设计梯度化:以知识认知、技能训练为主线,编写的切入点是统计工作必须掌握的基本知识和基本方法,以培养学生对统计基本理论与方法的理解和感性认识,进而培养学生对统计技术的基本应用能力和综合应用能力。

(2)内容编排层递化:教材内容由简单到复杂,设有知识认知能力训练、专业运用能力训练与专业拓展能力训练,任务训练与综合测试相结合。既可训练统计知识认知能力,又可训练统计技术综合能力;既可测试学生对所学项目知识的认知掌握情况,又可测试学生对统计知识的整体训练情况。

（3）体例编写多样化：每个项目下都有多个任务，每个任务下设有学习引导、知识认知能力训练（单选题、多选题、判断题）、专业运用能力训练、专业拓展能力训练，项目训练结束后附有职业能力综合测试。

（4）能力培养复合化：由学习引导、知识认知能力训练、专业运用能力训练、专业拓展能力训练，到最后的综合测试，编排训练呈现梯度化，既方便教师和学生根据实际情况进行选择，又便于培养学生统计认知与技术的综合应用能力。

本书由江苏联合职业技术学院常州刘国钧分院王玉梅副教授和刘新勇老师担任主编，提出编写思路，组织教材编写、论证工作。本书与《统计认知与技术》教材配套，共分八个项目，具体分工如下：项目一、项目二、项目四、项目五和项目六由常州刘国钧分院刘新勇编写；项目三中的任务一、任务二、任务三、任务四由扬州分院张中元编写，任务五、任务六由靖江中等专业学校范剑锋编写；项目七由连云港财经分院韩春燕编写；项目八由常州刘国钧分院王玉梅编写。全书由刘新勇设计编写方案，并负责统稿、总纂与定稿工作。

本书是在江苏联合职业技术学院马能和院长、金友鹏副院长的关心、支持和精心指导下立项编写的，徐州财经分院郑在柏教授对本书的编写给予了大力支持和热情帮助。本书由具有丰富教学经验的一线教师倾力合作而成，是集体智慧的结晶。在编写过程中参阅了大量资料，并得到了江苏联合职业技术学院相关分院的大力支持与帮助，江阴中等专业学校王晓、常州刘国钧分院糜德萍、南京财经学校张二网、徐州财经分院李辉、苏州旅游与财经分院张澄华等提供了部分资料，在此一并表示感谢！本书的出版得到了苏州大学出版社有关工作人员的热情帮助和大力支持，特别是责任编辑王亮为本书的出版做了大量的工作，对他们的辛勤付出，一并表示诚挚谢意！

本书主要适用于五年制高等职业教育财经管理类专业，也适用于三年制高等职业教育、中等职业教育财经管理类专业，还可以作为其他相关专业人员岗位培训的配套用书。由于时间仓促、编写水平有限，本书难免存在一些缺点和不足，恳望广大同仁和读者不吝赐教、批评指正，以便我们改进。

编　者
2012 年 7 月

CONTENTS

目录

项目一	**统计观念的建立**	**001**
任务一	认知统计数据	001
任务二	认知统计工作过程	009
任务三	认知统计学中常用基本概念	012
任务四	认知统计计算工具	017
项目二	**统计调查技术**	**023**
任务一	认知统计调查	023
任务二	原始资料的收集	027
任务三	次级资料的收集	034
任务四	编写统计调查方案	039
任务五	设计调查问卷	043
项目三	**统计整理技术**	**050**
任务一	认知统计整理	050
任务二	数据排序	053
任务三	数据筛选	057
任务四	数据分组	060
任务五	编制分配数列	065
任务六	数据汇总	068

项目四　统计描述技术　　073

　　任务一　认知统计表　　073
　　任务二　编制统计表　　081
　　任务三　认知统计图　　087
　　任务四　绘制统计图　　092

项目五　静态分析技术　　097

　　任务一　总量指标分析　　097
　　任务二　相对指标分析　　102
　　任务三　平均指标分析　　109
　　任务四　标志变异指标分析　　117

项目六　动态分析技术　　124

　　任务一　编制动态数列　　124
　　任务二　发展水平分析　　130
　　任务三　平均发展水平分析　　134
　　任务四　增长量和平均增长量分析　　139
　　任务五　发展速度分析　　144
　　任务六　增长速度分析　　150
　　任务七　平均发展速度和平均增长速度分析　　154

项目七　统计指数分析技术　　160

　　任务一　认知统计指数　　160
　　任务二　计算综合法总指数　　167
　　任务三　计算平均法总指数　　171

项目八　统计分析报告技术　　176

　　任务一　认知统计分析报告　　176
　　任务二　统计分析报告的选题与撰写　　182

统计基础职业能力综合测试（一）　　188

统计基础职业能力综合测试（二）　　193

项目一

统计观念的建立

任务一 认知统计数据

学习引导

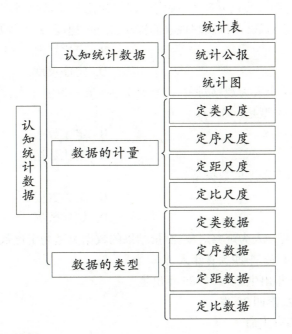

知识认知能力训练

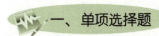一、单项选择题

1. 辞海对统计数据的解释是人们进行各种统计、计算、科学研究或技术设计等所依据的(　　)。
   A. 数字　　　　　　B. 数学　　　　　　C. 文字　　　　　　D. 数值

2. 对统计数据的属性、特征进行分类、标示和计算,称为( )。
   A. 统计计算　　　　　　　　　　　B. 统计测量
   C. 统计度量　　　　　　　　　　　D. 统计计量

3. ( )是指不同的数字仅表示不同类(组)别的品质差别,而不表示它们之间量的顺序或量的大小。
   A. 定比尺度　　　　　　　　　　　B. 定类尺度
   C. 定序尺度　　　　　　　　　　　D. 定距尺度

4. ( )是指不同的数字不但可以用数表示量的不同类(组)别,而且也反映量的大小顺序关系,从而可以列出各单位、各类(组)的次序。
   A. 定序尺度　　　　　　　　　　　B. 定距尺度
   C. 定比尺度　　　　　　　　　　　D. 定类尺度

5. ( )是指不同的数字不仅能将事物区分为不同类型并进行排序,而且可以准确地指出类别之间的差距是多少。
   A. 定类尺度　　　　　　　　　　　B. 定序尺度
   C. 定距尺度　　　　　　　　　　　D. 定比尺度

6. ( )是在定距尺度的基础上,确定可以作为比较的基数,将两种相关的数加以对比,形成新的相对数,用以反映现象的构成、比重、速度、密度等数量关系。
   A. 定距尺度　　　　　　　　　　　B. 定比尺度
   C. 定类尺度　　　　　　　　　　　D. 定序尺度

7. 以张三、李四两个人为观察对象,测量结果为:张三为中年人,李四为青年人。该测量结果的数据类型是( )。
   A. 定类数据　　　　　　　　　　　B. 定序数据
   C. 定距数据　　　　　　　　　　　D. 定比数据

8. 表现为类别但有顺序的数据是( )。
   A. 定距数据　　　　　　　　　　　B. 定类数据
   C. 定序数据　　　　　　　　　　　D. 定比数据

9. 以张三、李四两个人为观察对象,测量结果的数据类型为定比数据的是( )。
   A. 张三为中年人,李四为青年人
   B. 张三1960年出生,李四1985年出生
   C. 张三50岁,李四25岁
   D. 张三、李四有生命

10. 按字母的顺序或笔画数的多少顺序排序的统计数据一般是( )。
    A. 定类数据　　　　　　　　　　　B. 定距数据
    C. 定比数据　　　　　　　　　　　D. 定序数据

二、多项选择题

1. 下列选项中的数据属于精确数据的有（　　）。
   A. 小明的身高是 1.58 米
   B. 小华的体重为 40 千克
   C. 我们班有 25 个女生
   D. 小军的年龄为 14 岁
   E. 小明今天上了 6 节课

2. 美国社会学家、统计学家史蒂文斯（S. S. Stevens）1968 年按照变量的性质和数学运算的功能特点，将统计计量划分为（　　）等几个层次或计量尺度。
   A. 定距尺度　　　B. 定比尺度　　　C. 定序尺度　　　D. 定量尺度
   E. 定类尺度

3. 从统计计量尺度计量的结果来看，可以将统计数据分为（　　）等几种类型。
   A. 定序数据　　　B. 定类数据　　　C. 定距数据　　　D. 定比数据
   E. 定量数据

4. 以定距尺度计量的统计数据可以进行（　　）运算。
   A. 加　　　　　　B. 减　　　　　　C. 乘　　　　　　D. 除
   E. 比较大小

5. 下列选项属于定序数据的有（　　）。
   A. 学生成绩分为优、良、中、及格和不及格五类
   B. 人口按性别分为男和女
   C. 学位分为学士、硕士和博士
   D. 生物可分为动物、植物和微生物
   E. 我国目前的学历可以分为学前教育、初等教育（小学）、中等教育（初高中、职专、中技）和高等教育（专科、本科、硕士研究生和博士研究生）

三、判断题

1. 合格产品按其性能和好坏，分成优等品、一等品、合格品等，这是按照定类尺度计量的结果。（　　）

2. 学生某门课程的考分，可以从高到低分类排序，形成 90 分、80 分、70 分直到零分的序列，这是按照定序尺度计量的结果。（　　）

3. 国民经济按其经济类型，可以分为国有经济、集体经济、私营经济、个体经济等类，并用代码（01）表示国有经济，（02）表示集体经济，（03）表示私营经济，（04）表示个体经济，这是按照定距尺度计量的结果。（　　）

4. 高层次的计量尺度具有低层次计量尺度的全部特性。（　　）

5. 统计数据是采用某种计量尺度对事物进行计量的结果,采用不同的计量尺度会得到不同类型的统计数据。(   )

6. 表现为数值,可进行加、减运算,这类数据是定距数据。(   )

7. 表现为类别,但有顺序,这类数据是定类数据。(   )

8. 动物可分为脊椎动物和无脊椎动物两大类,这类数据属于定序数据。(   )

9. 对全班同学的年龄进行统计调查,年龄有17岁、18岁、19岁三种情形,这类数据属于定比数据。(   )

10. 我们可以很容易地将高层次计量尺度的测量结果转化为低层次计量尺度的测量结果,比如将考试成绩的百分制转化为五等级分制。(   )

专业运用能力训练

能力训练一

《2023年常州市国民经济和社会发展统计公报》中的【综合】部分有这样一段话:

经济总量突破万亿。初步核算,全年实现地区生产总值(GDP)10 116.36亿元,按不变价格计算,比上年增长6.8%;按常住人口计算,人均地区生产总值达18.84万元,增长6.5%。分三次产业看,第一产业增加值178.92亿元,增长3.2%;第二产业增加值4 857.43亿元,增长7.1%;第三产业增加值5 080.01亿元,增长6.6%。三次产业增加值比例调整为1.8∶48.0∶50.2。民营经济实现增加值6 761.25亿元,按不变价格计算,比上年增长7.3%;民营经济增加值占GDP比重达66.8%,对全市经济增长的贡献率为71.3%。

(资料来源:常州统计局网,https∶//tjj.changzhou.gov.cn/html/tjj/2024/OEJQMFCO_0305/27901.html)

要求:请分类列出上述资料中出现的统计数据,并指出数据的类型和数据的计量尺度。

能力训练二

某校会计1107班部分学生期终考试相关课程的成绩统计情况如表1.1-1所示。

表1.1-1　某校会计1107班部分学生期终考试相关课程的成绩统计表

学号	姓名	语文	数学	英语	经济学基础	基础会计	计算机基础	法律基础	体育
1	林东荔	99	78	67	82	95	58	91	65
2	谢志彬	91	80	59	100	79	92	60	88
3	陈友欣	93	58	76	68	62	100	97	71
4	郭智闵	98	76	90	84	78	88	83	70
5	苏小凤	81	62	83	90	53	69	100	80
6	徐艺悦	69	79	90	81	75	80	84	77
7	陈庆云	86	55	87	100	62	83	78	90
8	李荷灵	92	60	98	80	71	85	56	76
9	蔡宇颖	57	78	100	86	95	92	87	80
10	马骏	91	97	85	52	90	86	93	76
11	张丽宏	100	48	74	96	57	76	66	80
12	曾雪薇	97	60	84	51	60	100	87	73
13	宋至华	89	79	90	76	81	91	78	84

要求：请根据上表提供的数据资料，分析一下哪些同学的功课学得较好而且学科成绩比较平衡，偏科倾向比较小。

专业拓展能力训练

据半岛网—《半岛都市报》报道：

2011年9月，临近中秋，各种促销活动纷纷上演。

月饼、肉蛋、蔬菜、水果……中秋将至，各种商品逢节必涨的效应开始发挥威力。随着蛋价升至5.4元一斤，不少市民将今年中秋戏称为"贵中秋"，采购时的"经济账"更是不得不提前算计一下。

连日来，本报记者选取了逍遥二路生活家农贸市场、团岛农贸市场、新贵都集贸市场等

3处农贸市场和台东利群超市、家乐福名达店、佳世客超市3家超市,分别体验了一把中秋食材大采购行动。通过对花生油、鲜猪肉、水果、蔬菜、月饼、海鲜6种中秋家宴原材料价格的摸查对比,记者发现,同一份采购清单在不同市场的消费开支最大差价近50元,而且,由于不同超市的促销活动各异,同一款礼盒月饼的价格居然能相差一倍多。

由此看来,中秋采购时"货比三家"的古训依然不能少。

■样本选取

出发前,根据对多个青岛家庭的了解,以及部分市民提供的中秋节采购需求,记者首先列出了一份采购清单,其中包括食用油、鲜猪肉、水果、蔬菜、月饼、海鲜6大品类。

岛城市民普遍喜吃花生油,食用油一项我们选定了胡姬花浓香型花生油,规格为5 L装,单位为一桶。鲜猪肉则包括包饺子常用的五花肉,以及炖菜常用的排骨。蔬菜选定了青椒、芹菜、西兰花3种,水果则根据中秋时令选定了石榴、葡萄、苹果3种。随后,记者以上述列入采购清单的中秋食材,在3处农贸市场和3家超市内均安排了采购计划。特别需要说明的是,为了计算方便,除花生油外,其余食材采购单位均为一斤。

根据市民的采购习惯,月饼一般是在超市购买,海鲜则多到农贸市场上去买。由此,记者将笑蕾的"悦月"礼盒和立华园的"金品耀月"礼盒纳入月饼采购清单,数量为一盒,采购地点设在3家超市内。海鲜则选定了中秋节上市的蟹子和虾虎,采购地点设在3处农贸市场内,数量均为一斤。

■农贸市场

> 地点:逍遥二路生活家农贸市场
> 时间:9月4日上午

生活家农贸市场的蔬菜瓜果向来以品种多、卖相好著称,不仅是摊主们注重保鲜,而且商品的摆放也都很有讲究,生鲜果蔬看上去个个水嫩鲜亮,身价自然也不菲。肉摊上的每斤五花肉16.5元,排骨23元,各一斤共39.5元。蔬菜区的报价各家基本一致,每斤青椒3.5元,芹菜6元,西兰花6元,一共是15.5元。水果区域里,中秋时令水果单价葡萄10元,石榴7.5元,苹果4元,水果采购一共21.5元。胡姬花浓香型压榨花生油5 L装售价115元一桶。鲜猪肉、蔬菜、水果加起来共计191.5元。在海鲜区,蟹子每斤60元,虾虎每斤25元,海鲜一项共85元。

> 地点:团岛农贸市场
> 时间:9月4日上午

与生活家农贸市场相比,团岛农贸市场的蔬菜卖相稍逊一些,水果品种也多是大路货。但这里的最大优势就是便宜,每种蔬菜的价格比生活家农贸市场都要低一些。五花肉每斤14.5元,排骨每斤18元,肉类采购共需32.5元。青椒每斤2.5元,芹菜每斤3.5元,西兰花每斤4元,一共是10元。一斤葡萄7.5元,一斤石榴6.5元,一斤苹果3元,水果总计17元。胡姬花花生油在这里的售价是105元一桶。肉、菜、果三大项合计采购费用164.5元。该农贸市场的海鲜以蟹、虾为主,蟹子最高价是45元一斤,虾虎一斤18元,海鲜采购花销63元。

> 地点:新贵都集贸市场
> 时间:9月4日下午

新贵都集贸市场的价格水平处在前两个市场的中间。五花肉每斤 16.5 元,排骨每斤 18 元,肉类费用为 34.5 元。蔬菜价格则差别不大,青椒每斤 2.5 元,芹菜每斤 3.5 元,西兰花每斤 4 元,总共 10 元。水果价位也算中等水平,葡萄每斤 8 元,石榴每斤 8 元,苹果每斤 4 元,共花销 20 元。胡姬花花生油要价 112 元一桶。以上采购总消费 176.5 元。该市场上的海鲜区货量较大,蟹子要价 50 元一斤,虾虎 18 元一斤,海鲜总消费 68 元。

■ 超市

地点:台东利群超市
时间:9 月 4 日下午

台东利群超市是岛城不少家庭采购的首选地之一。4 日恰逢周末,超市里人满为患,各类中秋促销活动正在火热进行中。肉类价格在超市里明显抬高,每斤五花肉 21.9 元,排骨 33.9 元,单肉类消费一项便达 55.8 元。蔬菜单价也不低,青椒 1.99 元,芹菜 8.8 元,西兰花 4.98 元,共消费 15.77 元。水果则由于限时促销,价格比农贸市场还便宜,葡萄每斤 4.99 元,石榴每斤 6.8 元,苹果每斤 2.38 元,总费用 14.17 元。胡姬花花生油价格也不高,107.9 元一桶。以上合计消费 193.64 元。另外,这里的笑蕾"悦月"礼盒月饼标价为 158 元。

地点:家乐福名达店
时间:9 月 4 日下午

在这家超市里,五花肉每斤 18.8 元,排骨每斤 25.8 元,共 44.6 元。蔬菜区域,青椒每斤 2.6 元,芹菜每斤 4 元,西兰花每斤 3.8 元,共计 10.4 元。水果区域,苹果促销价是 2.25 元,石榴每斤 8 元,葡萄每斤 8 元,水果一项消费 18.25 元。需要采购的胡姬花花生油标价 113.9 元。以上总共消费 187.15 元,比生活家农贸市场还便宜了 4 元多。月饼清单中,笑蕾"悦月"礼盒月饼在家乐福名达店的售价是 138 元。此外,立华园"金品耀月"在该超市是 255 元,且买一赠一。

地点:佳世客超市
时间:9 月 4 日下午

佳世客超市是东部商圈的中心超市之一,许多市民对这里都有"高消费"的印象,究竟是不是这样呢?根据采购清单,记者也进行了一番价格摸查。肉类区域,五花肉标价 22.9 元一斤,排骨最低 35 元一斤,肉类一项的消费支出是 57.9 元。蔬菜区域,青椒为 2.2 元一斤,芹菜 3 元一斤,西兰花 5.8 元一斤,合计支出 11 元。水果中的葡萄是 5.95 元一斤,石榴 12.8 元一斤,苹果 3.95 元一斤,共计 22.7 元。胡姬花花生油在该超市的售价是 119.8 元。采购总消费为 211.4 元,是 6 处考察地点中最高的。笑蕾"悦月"礼盒月饼在该超市售价也是 138 元一盒。但在家乐福超市 255 元就能买两盒的立华园"金品耀月"礼盒月饼,在该超市的标价是 268 元一盒。

■ 市民说法

"真是不比不知道,竟然差这么多!"在向市民征求采购清单建议时,市民姜先生就对本次采购体验表现出了极高的兴趣。5 日,当他看到记者最终带回的调查数据时,还是忍不住感慨说:"要不是这么比较,中秋节得花多少冤枉钱啊。"

采访中,市民普遍表示,按照平日里的生活习惯,以家庭为单位的中秋采购一般都是在一个超市或者一处农贸市场上就全部完成了,几乎从未想过同一商品在不同市场之间会有这么大的差价,也从来没有多跑几个市场进行价格比较的想法。

"其实,中秋节的采购考虑得最多的就是就近原则。"家住崂山区的市民王先生说,尽管团岛农贸市场比东部农贸市场、超市便宜不少,他也不会考虑把中秋采购放在西部完成。"坐公交车费时间,开车或者打车的话,来回路费也要50多元,一进一出,基本打平。"王先生一边盘算一边说。

如此一来,不需要交通支出,还能以最低的消费完成中秋采购清单的西部居民就比较"沾光",起码在这个中秋节前,他们的"过节成本"要比东部市区的居民节省不少。

(资料来源:半岛网,http://news.bandao.cn/news_html/201109/20110906/news_20110906_1576505.shtml)

要求:请根据上述资料,填写表1.1-2,并从食材总价和单项、采购费用等方面进行统计数据的比较分析,这个中秋节你将怎样进行经济采购?

(1) 请将相关统计数据填入下列表格内:

表1.1-2 六家市场采购价格明细表

单位:元

项目		计量单位	逍遥二路生活家农贸市场	团岛农贸市场	新贵都集贸市场	台东利群超市	家乐福名达店	佳世客超市
食用油	胡姬花5L	桶						
以上总计								
鲜猪肉	五花肉	斤						
	排骨	斤						
水果	石榴	斤						
	葡萄	斤						
	苹果	斤						
蔬菜	青椒	斤						
	芹菜	斤						
	西兰花	斤						
以上总计								
海鲜	蟹子	斤				—	—	—
	虾虎	斤				—	—	—
月饼	笑蕾礼盒	盒	—	—	—			
	立华园礼盒	盒	—	—	—			
以上总计								

(2) 经济采购分析:

任务二　认知统计工作过程

学习引导

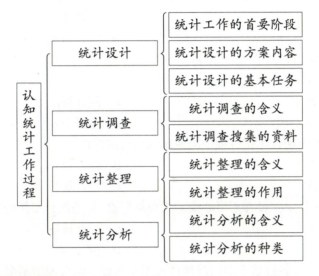

知识认知能力训练

一、单项选择题

1. (　　)是统计工作的首要阶段,是根据统计研究的目的和研究对象的特点,明确统计指标和指标体系,以及对应的分组方法,并以分析方法指导实际的统计活动。
   A. 统计调查　　　　　　　　　B. 统计设计
   C. 统计整理　　　　　　　　　D. 统计分析

2. 统计设计的基本任务是制订出各种(　　),这是统计工作过程不可缺少的重要环节之一,是统计工作的指导依据。
   A. 统计调查方法　　　　　　　B. 统计调查方式
   C. 统计分析方案　　　　　　　D. 统计工作方案

3. (　　)是根据研究目的和任务,运用科学方法,有计划、有步骤、有组织地搜集统计资料的工作过程。
   A. 统计调查　　　　　　　　　B. 统计分析
   C. 统计设计　　　　　　　　　D. 统计整理

4. 统计整理是根据统计研究的目的,将统计调查所取得的原始资料进行科学的汇总和综合,使其系统化、条理化,成为可据以进行(　　)的资料的过程。
   A. 统计整理　　　　　　　　　　B. 统计设计
   C. 统计分析　　　　　　　　　　D. 统计描述

5. (　　)是用统计指标与统计图(表)等方法对样本资料的数量特征及其分布规律进行描述。
   A. 统计推断　　　　　　　　　　B. 统计描述
   C. 统计处理　　　　　　　　　　D. 统计分析

6. (　　)是指如何抽样,以及如何用样本信息推断总体特征。
   A. 统计设计　　　　　　　　　　B. 统计描述
   C. 统计推断　　　　　　　　　　D. 统计整理

7. (　　)的目的是计算有关指标,反映数据的综合特征,阐明事物的内在联系和规律。
   A. 统计调查　　　　　　　　　　B. 统计推断
   C. 统计整理　　　　　　　　　　D. 统计分析

8. (　　)在整个统计工作过程中起着承前启后的作用。
   A. 统计整理　　　　　　　　　　B. 统计调查
   C. 统计分析　　　　　　　　　　D. 统计设计

9. (　　)是统计工作过程不可缺少的重要环节之一,是统计工作的指导依据。
   A. 统计分析　　　　　　　　　　B. 统计描述
   C. 统计设计　　　　　　　　　　D. 统计调查

10. (　　)即已经经过某个部门或地区加工整理过的综合说明某个部门或地区综合情况的统计资料。
    A. 次级资料　　　　　　　　　　B. 原始资料
    C. 初级资料　　　　　　　　　　D. 图表资料

二、多项选择题

1. 统计工作过程大致可分为(　　)几个阶段。
   A. 统计设计　　　　　　　　　　B. 统计调查
   C. 统计整理　　　　　　　　　　D. 统计分析
   E. 统计规划

2. 统计设计所制订的方案包括(　　)等诸多方面的内容。
   A. 统计指标体系　　　　　　　　B. 统计分类目录
   C. 统计调查方案　　　　　　　　D. 统计汇总或整理方案
   E. 统计分析方案

3. 统计调查搜集来的资料有(　　)。
   A. 原始资料　　B. 数据资料　　C. 图表资料　　D. 分析资料
   E. 次级资料

4. 统计分析包括( )。
   A. 统计制图　　　B. 统计描述　　　C. 统计推断　　　D. 统计计算
   E. 统计整理
5. 统计分析在进行资料分析时,须根据( )选择恰当的描述性指标和统计推断方法。
   A. 研究目的　　　B. 设计类型　　　C. 调查方案　　　D. 资料类型
   E. 统计数据

三、判断题

1. 统计设计是统计工作的首要阶段,是统计工作的指导依据。( )
2. 统计调查在整个统计工作过程中起着承前启后的作用。( )
3. 描述统计是用文字和图表对客观世界进行描述的。( )
4. 统计设计、统计调查、统计整理和统计分析四个阶段构成了完整的统计工作过程。( )
5. 统计工作过程的几个阶段有着各自的工作内容,在统计过程中发挥着不同的作用,任何一个阶段工作出现失误,一般不会影响到其他阶段的工作质量。( )
6. 在统计分析中,统计描述比统计推断更准确。( )
7. 统计整理是统计调查的继续,也是统计分析的前提。( )
8. 统计工作以客观事物总体的数量特征作为其研究内容。( )
9. 由于统计工作的几个阶段在统计过程中发挥着不同的作用,因此统计调查在统计工作过程中是一个独立的整体。( )
10. 优良的统计设计是科学、有效地组织统计活动的前提。( )

专业运用能力训练

为创建全国文明城市,市政府最近拟对全体市民参与全国文明城市创建活动的情况进行调查,请按照统计工作过程的四个阶段写出一个简单的统计工作思路。

专业拓展能力训练

随着经济水平的不断提高,在校学生对餐饮、服务、教育、文化等行业的发展起到了重要的作用,有的学生没有独立的经济来源,却进行着一些超前行为,学生的价值观逐渐发生了转变。如何对身边的同学进行一次生活费支出调查,弄清在校学生要花多少钱、花在了什么地方、花得是否合理、如何改进等非常必要。请结合你校的实际情况,以"在校学生生活费支出情况调研"为主题进行统计工作,按照统计工作过程的四个阶段规划调研内容,填在表1.2-1内。

表 1.2-1　在校学生生活费支出情况调研

统计工作过程名称	规划项目	主要设计内容
统计设计	调研目的	
	调查对象	
	调查单位	
	指标设计	
	调查时间	
	调查地点	
	调查项目和调查表	
	调研方式和方法	
	调查组织实施工作	
统计调查	搜集的资料	
	记录的数据	
统计整理	调查资料的汇总整理	
统计分析	描述分析	
	调研结果	

任务三　认知统计学中常用基本概念

学习引导

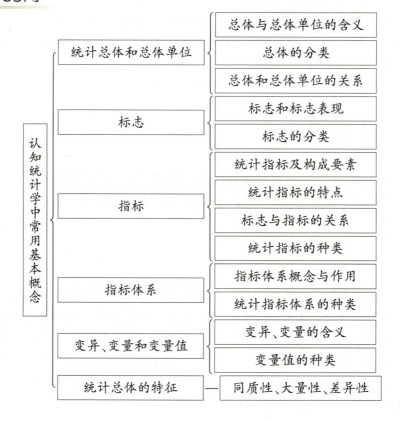

知识认知能力训练

一、单项选择题

1. （　　）是指客观存在的、在同一性质基础上结合起来的许多个别单位的整体。
   A. 总体单位　　　　　　　　　B. 统计总体
   C. 指标　　　　　　　　　　　D. 标志

2. （　　）是指统计总体各单位所具有的共同特征的名称。
   A. 统计标志　　　　　　　　　B. 统计指标
   C. 统计总体　　　　　　　　　D. 质量指标

3. 要了解会计系15个班600名学生的学习情况，则总体单位是（　　）。
   A. 全系15个班　　　　　　　　B. 每一个班
   C. 600位学生　　　　　　　　 D. 每一个学生

4. 当一个标志在各个单位的具体表现有可能不同时，这个标志称为（　　）。
   A. 可变标志　　　　　　　　　B. 不变标志
   C. 可变标志值　　　　　　　　D. 不变标志值

5. 下列选项属于品质标志的是（　　）。
   A. 职工年龄　　B. 工资　　C. 工龄　　D. 性别

6. （　　）是反映总体现象数量特征的概念和具体数值。
   A. 数量标志　　B. 质量标志　　C. 统计指标　　D. 总体单位

7. （　　）是说明总体内部数量关系和总体单位水平的统计指标。
   A. 质量指标　　B. 数量指标　　C. 变异指标　　D. 数量标志

8. （　　）就是各种相互联系的统计指标所构成的一个有机整体，用来说明所研究现象各个方面相互依存和相互制约的关系。
   A. 统计指标　　　　　　　　　B. 标志
   C. 统计总体　　　　　　　　　D. 统计指标体系

9. （　　）是指总体的各单位之间有一个或若干个可变的品质标志或数量标志，从而表现出的差异。
   A. 同质性　　B. 总体性　　C. 差异性　　D. 数量性

10. 下列选项属于连续变量的是（　　）。
    A. 企业数　　B. 设备价值　　C. 设备台数　　D. 工人数

11. 下列选项属于品质标志的是（　　）。
    A. 工人的工作年限　　　　　　B. 工人的工资
    C. 工人的工种　　　　　　　　D. 工人的产品数量

12. 把全班50名学生的成绩加起来除以50计算出平均成绩，这是（　　）。
    A. 对50个变量求平均　　　　　B. 对50个指标求平均
    C. 对50个标志求平均　　　　　D. 对50个标志值求平均

13. 几位学生的基础会计课程的成绩分别是67分、78分、88分、89分、96分，则"成绩"

是( )。
　　A. 品质标志　　　B. 数量指标　　　C. 标志值　　　D. 数量标志
14. 对某地区工业企业职工收入情况进行研究,统计总体是( )。
　　A. 每个工业企业　　　　　　　　B. 该地区全部工业企业
　　C. 每个工业企业的全部职工　　　D. 该地区全部工业企业的全部职工
15. 某工业企业的劳动生产率为1.5万元/人,这是( )。
　　A. 数量指标　　　B. 质量标志　　　C. 数量标志　　　D. 质量指标

二、多项选择题

1. 总体可以分为( )。
　　A. 有限总体　　　B. 同质总体　　　C. 无限总体　　　D. 差异总体
　　E. 数量总体
2. 标志按变异情况可分为( )。
　　A. 变异指标　　　B. 不变标志　　　C. 变异标志　　　D. 品质标志
　　E. 数量标志
3. 统计指标按其说明总体内容的不同分为( )。
　　A. 总量指标　　　B. 相对指标　　　C. 数量指标　　　D. 平均指标
　　E. 质量指标
4. 下列选项属于离散变量的有( )。
　　A. 人口出生数　　　　　　　　B. 电视机产量
　　C. 机器台数　　　　　　　　　D. 服装销售量
　　E. 化肥库存量
5. 统计总体具有( )等主要特点。
　　A. 同质性　　　B. 综合性　　　C. 具体性　　　D. 大量性
　　E. 差异性
6. 统计指标包括( )等几个构成要素。
　　A. 指标名称　　　B. 计量单位　　　C. 计算方法　　　D. 时间限制
　　E. 指标数值
7. 统计指标的特点有( )。
　　A. 数量性　　　B. 同质性　　　C. 综合性　　　D. 具体性
　　E. 差异性
8. 统计指标按其作用和表现形式的不同,可分为( )。
　　A. 数量指标　　　B. 总量指标　　　C. 相对指标　　　D. 平均指标
　　E. 质量指标
9. 根据所反映现象的范围不同,统计指标体系可分为( )。
　　A. 综合性统计指标体系　　　　　B. 微观统计指标体系
　　C. 宏观统计指标体系　　　　　　D. 中观统计指标体系

E. 专题性统计指标体系
10. 要了解某市工业企业的生产经营状况,下列属于指标的有(　　)。
    A. 该市的工业企业数　　　　　　　B. 该市的生产设备数
    C. 该市的工业企业职工人数　　　　D. 该市的职工工资总额
    E. 该市的工业总产值

三、判断题

1. 对无限总体可以进行全面调查,也可以进行非全面调查。(　)
2. 职工的性别是女,年龄为32岁,民族为汉族,这里"女""32岁""汉族"就是性别、年龄、民族的具体体现,即标志表现。(　)
3. 不变标志是构成统计总体的基础,因为至少必须有一个不变标志将各总体单位联结在一起,才能使它们具有"同质性",从而构成一个总体单位。(　)
4. 质量标志既可用于分组,也可用于计算标志总量以及其他各种质量指标。(　)
5. 所有的统计指标都是可以用数值来表现的。(　)
6. 统计指标反映的是过去的事实和根据这些事实综合计算出来的实际数量,而计划指标则说明未来所要达到的具体目标。(　)
7. 一个工人的工资是数量标志,全体工人的工资总额是统计指标。(　)
8. 数量指标通常是用相对数和平均数的形式表现的。(　)
9. 同质性是总体的根本特征,只有个体单位是同质的,统计才能通过对个体特征的观察研究,归纳和揭示出总体的综合特征和规律性。(　)
10. 总体和总体单位是固定不变的。(　)

专业运用能力训练

某市2017年工业企业的有关统计资料如表1.3-1所示。

表1.3-1　某市2017年工业企业统计表

企业所有制类型	企业数/个	销售额		人均销售额	
		2017年/亿元	2017年与2016年相比/%	2017年/万元	2017年与2016年相比/%
国有企业	25	30	106.0	20	98
集体企业	32	12	108.0	18	99
个体企业	226	16	112.0	26	115
其他企业	15	5	104.0	17	110
合计(全市)	298	63	107.7	21	103

要求：
（1）请指出上表中的总体、总体单位、指标、数量指标、质量指标。
（2）为获得上表资料，应调查总体单位的哪些标志？哪些标志是品质标志？哪些标志是数量标志？哪些数量标志是变量？哪些变量是连续变量？哪些变量是离散变量？

专业拓展能力训练

江苏省2023年人口总量持续增加

2023年年末全省常住人口8 526万人，比上年末增加11万人，增长0.1%。男性人口4 322万人，女性人口4 204万人；0—14岁人口1 157万人，15—64岁人口5 796万人，65岁及以上人口1 573万人。全年人口出生率4.8‰，人口死亡率7.6‰，人口自然增长率－2.7‰。新型城镇化建设步伐加快，年末常住人口城镇化率达75.0%，比上年末提高0.6个百分点。

（资料来源：江苏省统计局网，http：//tj.jiangsu.gov.cn/art/2024/3/5/art_85764_11264412.html）

要求：请说出资料中的总体、总体单位、标志、指标、数量指标、质量指标及有关数值。

任务四　认知统计计算工具

学习引导

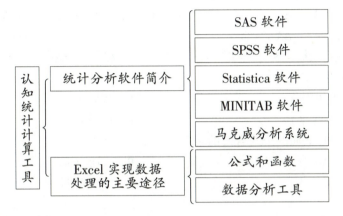

知识认知能力训练

一、单项选择题

1. SAS 早期的主要功能是(　　)。
   A. 统计设计　　　　B. 统计调查　　　　C. 统计分析　　　　D. 统计整理
2. SAS 统计系统是由多个功能模块组合而成的,其基本部分是(　　)模块。
   A. SAS/STAT　　　B. BASE SAS　　　C. SAS/GRAPH　　　D. SAS/ETS
3. SPSS 最突出的特点就是(　　),采用类似 Excel 表格的方式输入与管理数据,数据接口通用,能方便地从其他数据库中读入数据。
   A. 价格便宜,售后服务好　　　　　　B. 简单易学
   C. 能进行数据计算　　　　　　　　　D. 操作界面极为友好
4. (　　)是由美国俄克拉荷马州的 StatSoft 公司研制的大型专业统计图表分析软件包。
   A. SPSS　　　　　B. Statistica　　　　C. SAS　　　　　　D. LOTUS 1-2-3
5. (　　)是由美国宾夕法尼亚州立大学在 1972 年研制的统计分析软件包,它以无与伦比的易学性、可靠性以及完善的功能而著称于世,是教授统计学、实施六西格玛和其他质量改进项目的理想选择。
   A. MINITAB　　　　　　　　　　　　B. Statistica
   C. SPSS　　　　　　　　　　　　　　D. Microsoft Excel
6. (　　)是由上海天律信息技术有限公司开发的中国第一套完全自主知识产权的大

型统计分析和数据挖掘系统。

  A. SPSS 系统   B. 马克威分析系统

  C. SAS 系统   D. MINITAB 系统

7. 在 Excel 中,"SUM(C2,E3:F4)"的含义是( )。

  A. ＝C2＋E3＋E4＋F3＋F4   B. ＝C2＋F4

  C. ＝C2＋E3＋F4   D. ＝C2＋E3

8. 在 Excel 中,"＝AVERAGE(A1:A4)"等价于下列公式中的( )。

  A. ＝(A1＋A4)/4   B. ＝A1＋A2＋A3＋A4/4

  C. ＝(A1＋A2＋A3＋A4)/4   D. ＝A1＋A2＋A3＋A4

9. 在 Excel 中,数据分析工具实际上是一个( )模块,它提供了 19 种专门用于数据分析的实用工具。

  A. 内部宏(程序)   B. 数据宏

  C. 外部宏(程序)   D. 函数宏

10. 在 Excel 中,下面的公式合法的是( )。

  A. ＝A3＊A4   B. ＝D5＋F7

  C. ＝A2－C6   D. 以上都对

二、多项选择题

1. 目前常用的统计分析软件有( )等,每个统计分析软件都有各自的组织数据的方式以及分析界面。

  A. SAS   B. SPSS   C. Statistica   D. MINITAB

  E. Microsoft Excel

2. ( )是 Excel 工作表的核心。

  A. 公式   B. 制图   C. 函数   D. 制表

  E. 计算

3. MINITAB 包括( )模块。

  A. 质量控制   B. 统计分析

  C. 运筹学   D. 经济计量学和时间序列分析

  E. 绘制图形

4. Statistica 软件具有( )功能。

  A. 时间序列预测   B. 基本统计分析

  C. 多元回归分析   D. 聚类分析

  E. 因子分析

5. MINITAB 包括统计分析模块和绘制图形模块,统计分析模块有( )主命令。

  A. 多变量分析   B. 探索性数据分析

  C. 效能与样本量分析   D. 统计报表和列联表检验

  E. 控制图

三、判断题

1. 目前常用的统计分析软件有 SAS、SPSS、Statistica、MINITAB 等,每个统计分析软件都有各自的组织数据的方式以及分析界面。( )

2. SAS 统计系统是由多个功能模块组合而成的,其基本部分是 SAS/STAT 模块,它是 SAS 统计分析系统的核心,承担着主要的数据管理任务,并管理用户使用环境,进行用户语言的处理,调用其他 SAS 模块和产品。( )

3. 一般认为使用 SAS 需要编写程序,比较适合统计专业人员,而对非统计专业人员则比较困难。( )

4. SPSS 最突出的特点就是操作界面极为友好,是统计专业人员的首选统计软件。( )

5. MINITAB 的图形功能很完备,显示输出的图形细腻美观。( )

6. Statistica 以无与伦比的易学性、可靠性以及完善的功能而著称于世,是教授统计学、实施六西格玛和其他质量改进项目的理想选择。( )

7. 马克威分析系统用于从海量信息和数据中寻找规律和知识,通过数据挖掘和统计分析等技术建立概念模型,为决策者提供科学的决策依据。( )

8. 在 Excel 公式中,用来进行乘的标记是"×"。( )

9. 在 Excel 中,每个函数要有自己特定的参数类型,如数值、单元地址、文本或逻辑值等。( )

10. 在 Excel 中使用函数时,既可以直接输入函数和参数,也可以使用"插入"菜单。( )

专业运用能力训练

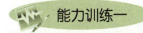

2018 年 1 月某市地方财政收入情况如表 1.4-1 所示。

表 1.4-1 某市地方财政收入情况

指 标	本月实际 /百万元	本月止累计 /百万元	去年同期 /百万元	比去年同期上涨/%
地方财政收入	9 345			24.8
1. 市区	4 269			-4.5
市直单位	2 829			-5.5
北安区	467			53.1
南口区	324			-35.8
东山区	263			-7.4
白云区	386			0.8

续表

指 标	本月实际 /百万元	本月止累计 /百万元	去年同期 /百万元	比去年同期上涨/%
2. 县(市)小计	5 076			68.3
三合河	2 704			66.3
云海市	733			122.8
七林市	434			24.4
良口市	386			271.2
江宁县	295			15.2
岭海县	524			48.9

注：表中"本月止累计"与"本月实际"相同，因而计算的部分用算式形式标出。（本训练需要用到① 求和运算；② 算术运算；③ 合并单元格；④ 制表技术；⑤ 填充。）

要求：请根据上述资料，在 Microsoft Excel 中完成表中的空白处。

能力训练二

某校会计 1206 班三门课程的期中考试成绩如表 1.4-2 所示。

表 1.4-2　某校会计 1206 班三门课程的期中考试成绩

班 级	学号	基础会计	经济法	统计	总分数	总平均分
会计 1206	2101	95	88	95		
会计 1206	2102	92	84	95		
会计 1206	2103	94	81	93		
会计 1206	2104	88	87	91		
会计 1206	2105	89	73	92		
会计 1206	2106	87	73	91		
会计 1206	2107	86	70	94		
会计 1206	2108	88	72	90		
会计 1206	2109	86	75	88		
会计 1206	2110	88	70	87		
会计 1206	2111	89	70	85		
会计 1206	2112	88	64	91		
会计 1206	2113	83	71	89		
会计 1206	2114	81	70	87		
会计 1206	2115	86	70	82		
会计 1206	2116	85	68	84		

续表

班级	学号	基础会计	经济法	统计	总分数	总平均分
会计1206	2117	87	65	83		
会计1206	2118	85	64	83		
会计1206	2119	83	70	77		
会计1206	2120	81	62	84		
会计1206	2121	89	59	76		
会计1206	2122	78	69	73		
会计1206	2123	87	47	84		
会计1206	2124	82	50	80		
会计1206	2125	82	46	71		
各课程平均分按总平均分分组	分隔点	人数		比重/%		
60以下	59					
60~70	69					
70~80	79					
80~90	89					
90以上	100					
合计	—					

要求：请根据上述资料，利用 Microsoft Excel 的公式和函数功能，完成表中的空白处。

专业拓展能力训练

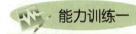

能力训练一

阅读表 1.4-3 中数据，完成题后要求。

表 1.4-3　科达公司 2017 年第一季度工作服采购情况

日期	科达公司	类别	数量/件	金额/元
2017－01－24	总公司	女式连衣裙	8	5 500
2017－01－05	总公司	男式西裤	4	2 000
2017－02－06	一公司	女式套裙	4	3 600
2017－02－07	二公司	休闲装	5	4 000

续表

日期	科达公司	类别	数量/件	金额/元
2017-02-08	总公司	女式连衣裙	8	1 000
2017-02-09	总公司	男式西裤	9	5 000
2017-02-10	一公司	女式套裙	6	6 000
2017-02-21	二公司	男式西裤(含毛量90%)	7	4 000
2017-02-22	总公司	女式连衣裙	1	1 200
2017-03-13	三公司	男式西裤(含毛量80%)	2	4 000
2017-03-14	一公司	女式套裙	4	7 000

要求：运用 Excel 常用函数公式，算出去除"科达公司"列为"三公司"或"类别"列为"男式西裤"之外的总金额。(请写出 Excel 函数公式的计算过程及其计算结果)

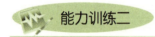

能力训练二

萧江公司某部门六名员工 2019 年 1 月份的薪酬资料如表 1.4-4 所示。

表 1.4-4　萧江公司某部门六名员工 2019 年 1 月薪酬资料

姓名	本年度截止至当前月的累计数据					征税总额	当月应缴个税	2019 年已缴税额	当月实际个税
	工资总额	五险一金	专项附加扣除	其他扣除	费用扣除标准				
袁邻琦	30 690	2 699.12	2 000	300	5 000				
史侯凯	26 581	2 337.75	2 500	300	5 000				
王苟荟	16 942	1 490.02	5 000	300	5 000				
宋秋秋	60 310	5 304.14	2 000	300	5 000				
乔厚庚	3 600	316.61	2 000	300	5 000				
韦达楠	6 241	548.88	1 000	300	5 000				

要求：请根据上述资料，利用 Excel 的函数与公式，完成表中的空白处，写出 Excel 函数公式的计算过程及其计算结果。(提示：1 月以前没有月份，2019 年已缴税额，输入"0"即可，2 月则要输入 1 月的纳税额，3 月要输入 1 月、2 月的纳税额，以此类推。)

项目二

统计调查技术

任务一　认知统计调查

 学习引导

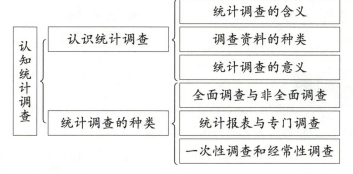

知识认知能力训练

一、单项选择题

1. 统计调查,就是按照统计研究的目的和任务,运用科学的调查组织形式和方法,有组织、有计划地搜集(　　)的工作过程。
   A. 统计图表　　　　B. 统计资料　　　　C. 统计数据　　　　D. 统计指标
2. 统计调查所要搜集的资料主要是指(　　)。
   A. 次级资料　　　　B. 图表资料　　　　C. 二手资料　　　　D. 原始资料
3. 统计调查是整个统计工作的(　　)。
   A. 基础环节　　　　B. 主要环节　　　　C. 关键环节　　　　D. 重点环节
4. (　　)阶段是保证统计工作任务,提高统计工作质量的首要环节。
   A. 统计设计　　　　B. 统计调查　　　　C. 统计整理　　　　D. 统计分析

5. （　　）是对调查对象的所有总体单位逐一进行调查、登记的调查方式。
   A. 专门调查　　　　　　　　　　B. 非全面调查
   C. 经常性调查　　　　　　　　　D. 全面调查
6. （　　）是对构成调查对象的一部分总体单位进行的调查。
   A. 非全面调查　　　　　　　　　B. 一次性调查
   C. 专门调查　　　　　　　　　　D. 普查
7. 下列调查采用全面调查的是（　　）。
   A. 重点调查　　B. 普查　　C. 典型调查　　D. 抽样调查
8. （　　）是国家统计局及所属各业务部门为了定期地取得系统的、全面的统计资料而采用的一种统计调查方法，它是按照国家统一规定的调查要求和表格形式，自下而上地提供统计资料的一种报表制度。
   A. 专门调查　　　　　　　　　　B. 抽样调查
   C. 统计报表　　　　　　　　　　D. 典型调查
9. （　　）是随着现象在时间上的发展变化而连续不断地进行的登记。
   A. 经常性调查　　B. 重点调查　　C. 一次性调查　　D. 普查
10. （　　）从调查对象所包括的范围来看，属于全面调查；从调查时间的连续性来看，属于一次性调查；从组织方式来看，又属于专门调查。
    A. 典型调查　　　　　　　　　　B. 抽样调查
    C. 普查　　　　　　　　　　　　D. 重点调查

二、多项选择题

1. 按资料的来源分，统计调查所搜集的资料有（　　）。
   A. 数据资料　　B. 原始资料　　C. 次级资料　　D. 图表资料
   E. 网络资料
2. 按调查对象包括的范围不同，可以将统计调查分为（　　）。
   A. 经常性调查　　B. 专门调查　　C. 一次性调查　　D. 全面调查
   E. 非全面调查
3. 统计调查按调查时间是否连续，可分为（　　）。
   A. 一次性调查　　B. 抽样调查　　C. 重点调查　　D. 专门调查
   E. 经常性调查
4. 统计调查按组织形式不同，可分为（　　）。
   A. 非全面调查　　B. 经常性调查　　C. 统计报表　　D. 专门调查
   E. 全面调查
5. 下列调查采用非全面调查的有（　　）。
   A. 典型调查　　B. 普查　　C. 重点调查　　D. 一次性调查
   E. 抽样调查

三、判断题

1. 一般来讲,对无限总体既可以采用全面调查也可以采用非全面调查;对有限总体只能进行非全面调查。(   )

2. 执行统计报表制度,是各地区、各部门、各基层单位必须向国家履行的一种义务。(   )

3. 次级资料,即直接向调查单位搜集的尚待汇总整理的、需要由个体过渡到总体的资料。(   )

4. 统计调查搞得好,就能准确、及时、全面地反映被研究对象的本质及规律性。(   )

5. 进行统计调查,必须要根据不同的调查对象和调查目的,选择合适的调查方法。(   )

6. 为了研究我国的人口数量等信息资料而进行的第六次人口普查就属于抽样调查。(   )

7. 全面调查是对构成调查对象的一部分总体单位进行的调查,如重点调查、典型调查和抽样调查等。(   )

8. 经常性调查的主要目的是搜集现象在某一时点上的状态、水平的统计资料。(   )

9. 统计调查按组织形式不同,可分为全面调查和非全面调查。(   )

10. 专门调查是为了了解与研究某些社会经济情况而专门组织的调查。(   )

专业运用能力训练

能力训练一

请指出下列项目应采用何种调查方式,并说明理由。
（1）调查灯泡的寿命、火柴质量等。
（2）某班同学上学所用的交通工具。
（3）调查全国青少年喜爱的电视节目。
（4）一个水库养了某种鱼10万条,调查每条鱼的平均重量。
（5）了解一个跳高训练班的训练成绩是否达到了预定的训练目标。
（6）调查某兵工厂的一种炮弹的杀伤力。

能力训练二

某市拟对该市专业技术人员进行调查,想要通过调查来完成下列任务:

① 通过描述专业技术人员队伍的学历结构来反映队伍的整体质量;② 研究专业技术人员总体的职称结构比例是否合理;③ 描述专业技术人员总体的年龄分布状况;④ 研究专业技术人员完成的科研成果数是否与其最高学历有关。

请回答:

(1) 该项调查研究的调查对象是_____。
(2) 该项调查研究的调查单位是_____。
(3) 该项调查研究的报告单位是_____。
(4) 为完成该项调查研究任务,对每一个调查单位应询问的调查项目有:_____。

专业拓展能力训练

国家统计局是如何开展住户调查的?

2017年11月30日—12月1日,国家发展改革委副主任兼国家统计局局长、党组书记宁吉喆一行赴河北唐山调研住户调查工作。宁吉喆强调,要深入学习贯彻党的十九大精神,以习近平新时代中国特色社会主义思想为引领,进一步落实习近平总书记等中央领导同志关于统计工作重要讲话指示批示精神,聚焦统计数据质量这一核心,扎实做好新一轮住户调查工作,不断提高新时代住户调查工作水平。我国住户调查样本轮换每5年进行一次,新一轮住户调查样本于12月1日正式启用。

(资料来源:中国国家统计局网,http://www.stats.gov.cn/tjgz/tjdt/201712/t20171201_1559452.html)

请查阅有关资料,回答:

(1) 什么是住户调查?住户调查包括哪些内容?
(2) 住户调查属于什么统计调查类型?
(3) 住户调查数据是如何采集的?

任务二　原始资料的收集

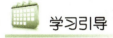
学习引导

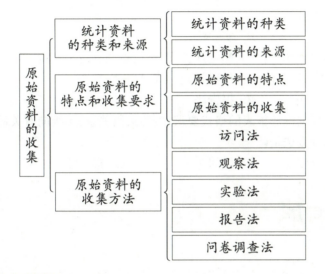

知识认知能力训练

一、单项选择题

1. 统计数据资料按照(　　)的不同,可分为原始资料和次级资料。
   A. 登记方式　　　B. 使用角度　　　C. 获取途径　　　D. 购买方式
2. 下列选项属于第一手资料的是(　　)。
   A. 原始记录　　　B. 期刊　　　　　C. 广播　　　　　D. 网络资料
3. 下列选项属于第二手资料的是(　　)。
   A. 统计台账　　　　　　　　　　　B. 调查问卷答案
   C. 实验结果　　　　　　　　　　　D. 报纸
4. 原始资料又称初级信息、第一手资料,是为了某种特定目的,由调查人员通过现场实地调查,直接从有关(　　)处收集的资料。
   A. 调查地点　　　B. 调查对象　　　C. 调查单位　　　D. 调查内容
5. (　　)是统计工作最基本也是最重要的原则和要求。
   A. 保证原始资料的全面性　　　　　B. 保证原始资料的及时性
   C. 保证原始资料的准确性　　　　　D. 保证原始资料的合法性

6. （　　）是通过有目的、有计划、有方向地运用口头交谈的方式向被调查者了解问题和情况,获取原始资料的一种方法。
   A. 观察法　　　　B. 访问法　　　　C. 实验法　　　　D. 问卷调查法

7. 根据调查人员与被调查者（　　）的不同,可将访问法分为人员访问、电话访问、邮寄访问和网上访问等。
   A. 采访工具　　　B. 采访目的　　　C. 访问时间　　　D. 接触方式

8. 观察者带有明确目的到观察现场,凭借自己的眼睛或摄像录音器材,在调查现场进行实地考察,记录正在发生的市场行为或状况,以获取各种原始资料的一种非介入性调查方法是（　　）。
   A. 访问法　　　　B. 实验法　　　　C. 观察法　　　　D. 报告法

9. （　　）是根据调查目的,制定调查问卷,由被调查者按照调查问卷所提的问题和给定的选项进行回答的一种专项调查形式。
   A. 问卷调查法　　B. 报告法　　　　C. 实验法　　　　D. 观察法

10. 被调查者根据统计报表的格式要求,按照隶属关系,逐级向有关部门上报统计资料的一种调查方法是（　　）。
    A. 问卷调查法　　B. 访问法　　　　C. 报告法　　　　D. 观察法

二、多项选择题

1. 访问法的优点有（　　）。
   A. 可以获得更加真实、客观的原始资料
   B. 被调查对象的回答率大大高于问卷法
   C. 适应性强
   D. 调查内容机动性大
   E. 访谈者对资料收集过程可进行有效控制

2. 在原始资料的收集过程中,具体要求有（　　）。
   A. 保证原始资料的全面性　　　　B. 保证原始资料的及时性
   C. 保证原始资料的准确性　　　　D. 保证原始资料的合法性
   E. 保证原始资料的一致性

3. 一般来说,原始资料的收集方法主要有（　　）。
   A. 访问法　　　　B. 观察法　　　　C. 实验法　　　　D. 报告法
   E. 问卷调查法

4. 根据调查人员与被调查者接触方式的不同,又可将访问法分为（　　）等。
   A. 手机访问　　　B. 网上访问　　　C. 邮寄访问　　　D. 电话访问
   E. 人员访问

5. 观察法按照观察所采取的方式不同分为（　　）。
   A. 连续性观察　　B. 隐蔽性观察　　C. 结构性观察　　D. 参与性观察
   E. 非隐蔽性观察

三、判断题

1. 一般在可能的情况下尽量使用第二手资料，它比第一手资料更加丰富、更加准确，使用第一手资料是因为其收集成本和所花费时间比较节省。（　　）

2. 一般而言，统计调查是获取统计资料的主要形式，收集到的主要是第二手资料；查阅文献和统计年鉴、上互联网等是获取统计资料的辅助形式，收集到的主要是第一手资料。（　　）

3. 原始资料具有针对性强、真实性强的优点，但收集需要花费较多的人力、物力、财力和时间，而且有些原始资料的收集仅靠企业自身力量难以完成。（　　）

4. 要保证原始资料的全面性，即所收集的数据在数量上、在覆盖面上能充分满足研究任务的需要，以防止因资料缺损或不足而使研究结论的有效性降低或出现以偏概全的错误，这是统计工作最基本也最重要的原则和要求。（　　）

5. 原始资料的收集是统计调查中一项复杂、辛苦的工作，且影响调查结果的准确性。一般来说，原始资料的收集方法主要有访问法、观察法、实验法、报告法、问卷调查法等。（　　）

6. 采用观察法进行调查，对所要调查了解的问题，一般都事先陈列在调查表或访谈表中，按照调查表的要求询问。（　　）

7. 根据调查人员与被调查者接触方式的不同，可将访问法分为人员访问、电话访问、邮寄访问和网上访问等。（　　）

8. 观察法一般用于对受访者客观状况进行调查，这种方法的主要特点是，调查者与被调查者不发生直接接触。（　　）

9. 根据调查者对观察环境施加影响的程度，观察法可以分为隐蔽性观察和非隐蔽性观察。（　　）

10. 问卷调查法是目前最常用的调查方法，其优点在于利用问卷限定了访问员的询问方式和受访者的回答方式，从而有助于获得符合分析要求的定量数据。（　　）

专业运用能力训练

能力训练一

为了了解全校新生班级的同学对球类运动的喜爱情况，体育部老师决定抽样调查100名新生班级的同学，进行一次简单的统计调查，为此设计了一个简单的统计表（表2.2-1）。

表 2.2-1　抽样调查 100 名同学最喜爱球类运动的人数统计表

运动类型	正字画记	人　数	百分比
A 篮球			
B 排球			
C 足球			
D 羽毛球			
E 乒乓球			
F 其他			
合　计			

要求：

（1）请你帮助体育部老师抽样调查 100 名新生班级的同学，完成上述表格内容。

（2）指出你是采用何种调查方法来搜集上述原始数据资料的。

（3）将你调查的数据与同学的进行对比，看看是否一致，并进行分析。

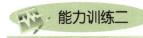 能力训练二

访问法能够让被调查对象的回答率大大高于问卷法,适应性强,调查内容机动性大,访谈者对资料收集过程可以进行有效的控制。最近,为了了解本系部同学课余生活娱乐方面的内容需求,增进同学之间的友谊,辅导员老师要求每位同学至少选择3位本班或其他班级的同学进行访问,并将访谈过程记录在访谈表(表2.2-2)中。

表 2.2-2　访 谈 表

课题题目:		
访问者(学生):	小组成员:	
班级:	访问方式:□电话 □书信 □面谈 □网络 □其他	
被访问者:	工作单位:	
职务(职称):	专长(专业):	
联系地址、电话:		
访问日期:	地点:	访问时间:共　　分钟
访问主题:		
拟采访的问题: (1) (2) ……		
访问记录(整理要点): ……		
结果(是否达到目的,解决了哪些问题,有哪些收获和体会) ……		
被访问者的意见、建议: ……		
		签名: 　年　月　日

要求:按照访问法的技巧,完成上述访谈表,并根据你的访谈做出评论。

专业拓展能力训练

能力训练一

美国的大型超级商场雪佛龙公司聘请美国亚利桑那大学人类学系的威廉·雷兹教授对垃圾进行研究。威廉·雷兹教授和他的助手在每次垃圾收集日的垃圾堆中挑选数袋垃圾,然后把垃圾的内容依照其原产品的名称、重量、数量、包装形式等予以分类。如此反复地进行了近一年的收集垃圾的研究分析。雷兹教授说:"垃圾袋绝不会说谎和弄虚作假,什么样的人就丢什么样的垃圾。查看人们所丢弃的垃圾,是一种更有效的研究方法。"他通过对某市的垃圾研究,获得了有关当地食品消费情况的信息,得出了如下结论:① 收入低的阶层所喝的进口啤酒比收入高的阶层多,并知道所喝啤酒中各牌子的比率;② 中等阶层人士比其他阶层消费的食物更多,因为双职工都要上班,以致没有时间处理剩余的食物,依照垃圾的分类重量计算,所浪费的食物中,有15%是还可以吃的好食品;③ 通过对垃圾内容的分析,了解到人们消耗各种食物的情况,得知减肥清凉饮料与压榨的橘子汁属高收入阶层人士的良好消费品。

要求:请分析该公司获得的信息资料采用的是哪种类型的调查方法,并讨论该公司根据这些资料将采用哪些决策行动。

能力训练二

通过访谈、家庭调查等方式,搜集当地的有关资料,完成以下要求:

(1) 填写表2.2-3。

表 2.2-3　当地发生的变化

	20 年前	10 年前	现在
饮食			
居住			
交通状况			
着装			

(2) 与以前相比,当地发生了哪些显著的变化?

(3) 设想一下,再过 10 年,当地又会发生怎样的变化?

任务三 次级资料的收集

 学习引导

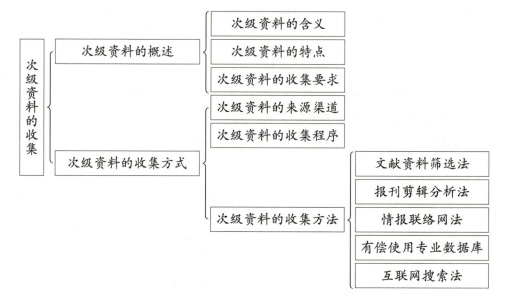

知识认知能力训练

一、单项选择题

1. 次级资料也叫二手资料、文献资料,是原始资料的( )利用所形成的资料形式,是其他人或机构为了其他目的而收集、记录和整理出来的有关资料。
   A. 二次   B. 三次   C. 二次以上   D. 三次以上
2. 次级资料与原始资料相比较,下列说法正确的是( )。
   A. 次级资料的信息来源是访问、观察、试验
   B. 原始资料的收集过程迅速而简便
   C. 次级资料的收集费用高
   D. 原始资料的收集时间长
3. 次级资料在使用中具有的明显作用不包括( )。
   A. 收集费用相对很低
   B. 能为研究项目提供背景信息
   C. 有助于调研主题的确立

D. 可以提供解决问题所需的信息
4. 下列选项属于内部次级资料的是( )。
   A. 期刊   B. 报纸
   C. 客户资料   D. 电子网络资料
5. ( )是指一种具有高度专业化、从一般数据库中所获得的外部次级资料。
   A. 报纸   B. 辛迪加数据   C. 互联网   D. 杂志
6. 从( )可搜寻我国经济发展及各地区经济发展的数据资料。
   A. 中国经济信息网   B. 中国经济时报网
   C. 中国会计信息网   D. 中华会计学习网
7. 下列选项不属于次级资料收集要求的是( )。
   A. 完整性   B. 经济性   C. 及时性   D. 异质性
8. 来自各种相关信息资料，通常包括政府机构统计资料、出版物、行业组织资料、专业调研机构资料、电子网络资料、辛迪加数据库资料等的是( )。
   A. 原始资料   B. 内部资料   C. 外部资料   D. 实地资料
9. 企业的业务资料、财会资料、客户资料、竞争对手资料以及企业积累的其他资料等是( )。
   A. 初始资料   B. 内部资料   C. 一手资料   D. 外部资料
10. 如果两个或多个组织报告了同样的数据，你就可以对数据的有效性和可靠性( )。
    A. 持怀疑的态度   B. 进行重新调查
    C. 持否定的态度   D. 拥有较强的信心

二、多项选择题

1. 次级资料的信息来源于( )等方面。
   A. 访问   B. 购买   C. 观察   D. 网络
   E. 书籍
2. 次级资料与原始资料进行比较，下列说法正确的有( )。
   A. 次级资料的收集人是其他人
   B. 原始资料的收集目的是为解决当前问题
   C. 次级资料的收集过程较为复杂
   D. 原始资料的收集费用相对很低
   E. 次级资料的收集时间短
3. 与原始资料相比较，次级资料的不足之处有( )。
   A. 通常情况下，它较不容易获得
   B. 次级资料的信息已经过时
   C. 有些情况下不存在相关的次级资料
   D. 它是为其他目的而收集的，可能由于资料范围、测量标准、分类标准不同而不能

满足调研人员对数据的要求
E. 次级资料的准确性是可以控制的
4. 对次级资料的收集和处理具有(　　)要求。
A. 完整性　　　　B. 针对性　　　　C. 经济性　　　　D. 异质性
E. 及时性
5. 次级资料的收集方法有(　　)。
A. 报刊剪辑分析法　　　　　　　B. 互联网搜索法
C. 有偿使用专业数据库　　　　　D. 情报联络网法
E. 文献资料筛选法

三、判断题

1. 次级资料也叫二手资料、文献资料,是原始资料的二次利用所形成的资料形式。(　　)
2. 原始资料的收集过程比次级资料的收集过程要复杂。(　　)
3. 次级资料的收集费用较原始资料要低。(　　)
4. 与原始资料相比较,次级资料是为其他目的而收集的,可能由于资料范围、测量标准、分类标准不同而不能满足调研人员对数据的要求。(　　)
5. 次级资料无法检验原始资料的有效性与准确性。(　　)
6. 根据次级资料的来源,可将其分为内部次级资料和外部次级资料。(　　)
7. 销售记录、采购要求、财务报告、产品设计与技术资料、市场环境资料等都属于外部次级资料。(　　)
8. 外部次级资料可以来源于出版物、辛迪加数据库、互联网、销售记录、财务报告等。(　　)
9. 辛迪加数据主要应用于测量消费者态度以及进行民意调查,确定不同的细分市场,进行长期的市场跟踪。(　　)
10. 次级资料主要由调查人员通过搜集多种文献资料,摘取现成数据,经过整理、融合、调整、归纳而成。(　　)

专业运用能力训练

能力训练一

搜集你最喜欢的三座城市上月 1 日至 7 日(一周)的气温变化情况,将每天的最高气温记录在表 2.3-1 中。

表 2.3-1　三座城市一周最高气温变化情况

单位:℃

城市名称	1日	2日	3日	4日	5日	6日	7日

要求:完成上述表格内容,并指出你采用的数据收集方式及收集的资料类型。

能力训练二

　　江苏省旅游协会准备在明年举办"美好江苏欢迎您!"的旅游年活动,需要向国内外爱好旅游的朋友们介绍江苏的地理位置、行政区划、气候情况、生态资源、民风民俗、交通情况、风景名胜、名优特产等八个主要方面的内容。

　　要求:请通过一定的方式收集、检索和查阅相关资料,写出 1 000 字左右的江苏风情简介,并注明你的资料收集方式和来源。

专业拓展能力训练

2022年6月13日,由麦可思研究院主编的2022年版就业蓝皮书(包括《2022年中国本科生就业报告》和《2022年中国高职生就业报告》)正式发布。自2009年首度发布以来,至2022年已是第14次年度报告。本报告基于麦可思公司2022年度的大学毕业生跟踪数据,全国本科生样本为12.5万,全国高职生样本为14.8万,样本覆盖了407个本科专业、583个高职专业;覆盖了全国31个省、自治区和直辖市;覆盖了本科毕业生从事的584个职业、324个行业以及高职毕业生从事的552个职业、328个行业。报告反映了社会第三方专业机构对大学生就业信息的跟踪评价结果。

得益于信息化时代的发展,多个信息技术相关本科专业连续绿牌,高职绿牌专业多与铁路交通相关(表2.3-2)。具体来看,本科信息安全、网络工程专业以及高职社会体育专业连续五年绿牌。其中,2022年本科就业绿牌专业包括信息安全、网络工程、信息工程、微电子科学与工程、数字媒体技术、能源与动力工程。高职就业绿牌专业包括铁道机车、铁道工程技术、铁道供电技术、社会体育、发电厂及电力系统、道路桥梁工程技术。

表2.3-2　2021届毕业生收入较高的主要专业(前十位)

序号	主要本科专业	月收入/元	主要高职专业	月收入/元
1	信息安全	7 439	铁道工程技术	5 761
2	软件工程	7 205	动车组检修技术	5 684
3	信息工程	6 871	铁道机车	5 626
4	计算机科学与技术	6 828	铁道交通运营管理	5 486
5	网络工程	6 796	高速铁道工程技术	5 461
6	物联网工程	6 697	空中乘务	5 375
7	电子科学与技术	6 561	铁道供电技术	5 313
8	微电子科学与技术	6 420	社会体育	5 296
9	信息管理与信息系统	6 420	石油化工技术	5 212
10	自动化	6 375	民航运输	5 205

(资料来源:麦可思—中国2022年大学毕业生就业报告)

要求:请结合上述次级资料进行文案分析,搜索有关大学本科和高职应届毕业生升学情况、择业意愿、毕业生薪资水平、对教育教学与服务的认可度及满意度、毕业半年后月收入分布情况等的资料,写出一份关于当前大学生择业与就业观念的形势分析报告(字数不少于1 200字)。

任务四　编写统计调查方案

学习引导

知识认知能力训练

一、单项选择题

1. 统计调查方案首先要解决的问题就是确定调查的(　　)。
   A. 时间和地点　　B. 目的和任务　　C. 项目和对象　　D. 单位和方法
2. 调查的目的和任务主要是根据研究的实际需要并结合(　　)的特点来确定的。
   A. 调查单位　　B. 调查时间　　C. 调查方式　　D. 调查对象
3. 调查对象指需要调查的社会经济现象的(　　)。
   A. 总体　　B. 总体单位　　C. 个体　　D. 个体单位
4. (　　)是指调查中所要登记的具体单位,是调查项目的承担者。
   A. 调查对象　　B. 调查项目　　C. 调查单位　　D. 填报单位

5. （　　）是负责向上级报告调查内容、提交统计资料的单位。
   A. 调查单位　　　B. 填报单位　　　C. 调查对象　　　D. 调查项目
6. 在统计调查中，调查单位和填报单位之间（　　）。
   A. 无区别
   B. 是毫无关系的两个概念
   C. 有时一致，有时不一致
   D. 不可能一致
7. 对工业企业设备进行普查时，每个工业企业是（　　）。
   A. 调查单位
   B. 填报单位
   C. 既是调查单位又是填报单位
   D. 既不是调查单位又不是填报单位
8. 某工业企业系统内欲进行工业企业生产设备状况普查，要求在1月1日至20日全部调查完毕，这一时间规定是（　　）。
   A. 调查期限
   B. 调查时间
   C. 登记时间
   D. 标准时间
9. （　　）是在调查前所确定的调查项目，包括需要向调查单位了解的有关品质标志、数量标志和其他情况。
   A. 调查对象
   B. 调查目的
   C. 调查提纲
   D. 调查方式
10. 某市工业企业2017年生产经营成果年报呈报时间规定在2018年1月31日，则调查期限为（　　）。
    A. 一天
    B. 一个月
    C. 一年
    D. 一年零一个月

二、多项选择题

1. 一个完整的有指导意义的统计调查方案应包括（　　）。
   A. 确定调查目的和任务
   B. 确定调查对象和调查单位
   C. 拟定调查提纲和调查表
   D. 确定调查时间和调查方法
   E. 制订调查工作的组织实施计划
2. 调查时间包括（　　）几个方面的含义。
   A. 确定调查方法的时间
   B. 确定调查对象的时间
   C. 调查资料所属的时间
   D. 调查工作进行的时间
   E. 整个调查工作的时限
3. 调查表通常由（　　）几个部分组成。
   A. 表号　　　B. 表头　　　C. 表体　　　D. 表框
   E. 表尾
4. 按包括调查单位的多少，调查表分为（　　）。
   A. 总表　　　B. 附表　　　C. 单一表　　　D. 关联表

E. 一览表
　5. 在工业企业设备普查中,(　　)。
　　A. 工业企业是调查对象
　　B. 工业企业的全部设备是调查对象
　　C. 每台设备是填报单位
　　D. 每台设备是调查单位
　　E. 每个工业企业是填报单位

三、判断题

　1. 只有明确了调查的目的和任务,才能确定调查范围,向谁调查和调查什么,以及调查所采用的方式方法。(　　)
　2. 调查提纲是在调查前所确定的调查项目,包括需要向调查单位了解的有关品质标志、数量标志和其他情况。(　　)
　3. 调查时间就是开始调查工作的时间。(　　)
　4. 一览表只登记一个调查单位,它可以容纳较多的调查项目,取得比较详尽、丰富的资料。(　　)
　5. 统计调查的方法在调查方案中也要拟定。(　　)
　6. 调查单位和填报单位在任何情况下都不可能一致。(　　)
　7. 对某市自行车进行普查,调查单位是该市每一辆自行车。(　　)
　8. 在全国国有工业企业普查中,每个国有工业企业是调查单位。(　　)
　9. 普查某事物在2018年7月1日零时的状况,要求将调查单位的材料在2018年7月10日登记完成,则普查的标准时点是2018年7月10日零时。(　　)
　10. 拟定调查的组织实施计划是一项很重要的工作,必须把调查中可能遇到的具体问题考虑周全。(　　)

专业运用能力训练

能力训练一

　某商场想了解顾客对本商场有关方面的满意情况,具体想了解以下情况:
　A. 顾客的背景信息
　B. 顾客对商场在服务、设施、商品质量等方面的满意情况
　C. 顾客的忠诚度情况
　D. 顾客对抱怨处理的满意情况
　E. 顾客对商场的总体满意情况
　F. 顾客的意见

要求：
(1) 设计出该项工作的调查方案。
(2) 你认为这项调查采取哪种调查方法比较合适？
(3) 设计一份调查问卷。

以"你帮父母做过家务吗"为主题在班级进行调查，请设计一张调查表，并整理收集到的数据，选择适当的统计图进行描述，和同学交流讨论得到的调查结果。

专业拓展能力训练

请从下面各题中任选一题编写调查方案：
A. 大学生就业满意度调查
B. 大学生创业就业情况调查
C. 在校大学生生活费支出情况调查
D. 大学生就业薪酬意向调查

要求：
(1) 编写的调查方案内容要完整，方案中要包括调查目的、调查对象、调查单位、调查内容、调查表、调查时间、调查地点及调查工作的组织实施等内容。
(2) 调查项目要符合实际，具有可操作性。
(3) 编写调查方案时，首先要分析该项调查的目的是什么，向谁调查，调查哪些内容，设计成哪种形式的调查表，由哪些人、在什么时间、采用什么方法调查，另外还要考虑到经费的筹集与使用、人员的学习与培训等问题，在此基础上，再合理组织这些内容的先后顺序。

任务五　设计调查问卷

学习引导

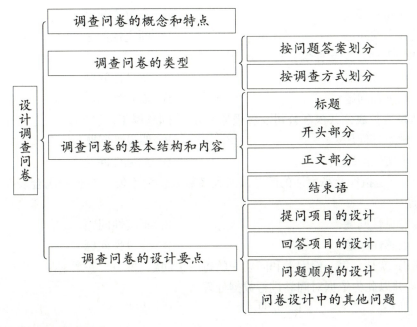

知识认知能力训练

一、单项选择题

1. 调查问卷又称调查表或询问表，它是调查者运用统一设计的问卷向被选取的（　　）了解情况或征询意见的调查方法。
   A. 调查地点　　　　　　　　B. 调查时间
   C. 调查单位　　　　　　　　D. 调查对象
2. 调查问卷由一系列问题、（　　）、备选答案、说明等组成。
   A. 调查单位　　　　　　　　B. 调查项目
   C. 调查对象　　　　　　　　D. 调查目的
3. （　　）问卷的答案是研究者在问卷上早已确定的，由回卷者认真选择一个答案画上圈或打上钩就可以了。
   A. 结构式　　　　　　　　　B. 半结构式
   C. 开放式　　　　　　　　　D. 封闭式

4. (　　)是由调查单位直接邮寄给被访者,被访者自己填答后,再邮寄回调查单位的调查形式。
   A. 自填式问卷 B. 访问式问卷
   C. 邮寄问卷 D. 发送问卷

5. (　　)是调查问卷的核心内容。
   A. 正文部分 B. 开头部分 C. 标题 D. 结束语

6. (　　)即不确定任何答案的问题,要求被调查者根据问题写出描述性的情况和意见。
   A. 封闭式问题 B. 开放式问题
   C. 事实性问题 D. 断定性问题

7. "你每天抽多少支香烟?"这个问题属于(　　)。
   A. 事实性问题 B. 意见性问题
   C. 敏感性问题 D. 断定性问题

8. "你是否赞成公共汽车公司改善服务?"这个问题属于(　　)。
   A. 敏感性问题 B. 假设性问题
   C. 事实性问题 D. 意见性问题

9. (　　)是指涉及私生活的问题以及大多数人认为不便于在公开场合表态或陈述的问题。
   A. 意见性问题 B. 事实性问题
   C. 敏感性问题 D. 假设性问题

10. 编码,就是对每一份问卷和问卷中的每一个问题、每一个答案编定一个(　　)的代码,并以此为依据对问卷进行数据处理。
    A. 唯一 B. 常见 C. 特殊 D. 不同

11. (　　)是研究者为了表示对调查对象真诚合作的谢意,在调查问卷的末端写上的感谢的话。
    A. 标题 B. 开头部分 C. 正文部分 D. 结束语

二、多项选择题

1. 调查问卷由(　　)等组成。
   A. 一系列问题 B. 调查项目
   C. 备选答案 D. 说明
   E. 备注

2. 以调查问卷形式搜集资料的显著特点有(　　)。
   A. 内容标准化 B. 大多是间接调查
   C. 调查面广 D. 一般是书面调查
   E. 可直接从民众中得到对某一政策的看法

3. 调查问卷的类型可以按照不同角度进行划分,如按问题答案划分,可以分为(　　)等类型。
   A. 结构式　　　　B. 非结构式　　　　C. 半结构式　　　　D. 开放式
   E. 半开放式
4. 一份调查问卷通常主要包括(　　)几个部分。
   A. 标题　　　　　B. 开头部分　　　　C. 正文部分　　　　D. 编码部分
   E. 结束语
5. 调查事项的问题和答案选项内容取决于调查的目的和调查的项目,从内容上看,可以分为(　　)等。
   A. 事实性问题　　B. 意见性问题　　　C. 断定性问题　　　D. 假设性问题
   E. 敏感性问题

三、判断题

1. 完美的问卷必须具备两个功能,即能将问题传达给被问的人和使被问者乐于回答。(　　)
2. 访问式问卷是由调查员直接将问卷送到被访问者手中,并由调查员直接回收的调查形式。(　　)
3. 在访问式问卷中,写好引言(或说明信)很重要,可激发被调查者的积极性,是问卷调查取得成功的必要保证。(　　)
4. 调查事项的问题和答案选项内容取决于调查的目的和调查的项目,从形式上看,问题可分为开放式问题和封闭式问题两种。(　　)
5. 开放式问题即预先备有答案可供被调查者进行选择的问题。这种问题答案标准,便于量化处理,易选答案,误差小;但创造性受约束。(　　)
6. 调查问卷中的有些问题是先假定应答者已有该种态度或行为,例如,"你是否喜欢看××频道的电视节目?"这类问题属于断定性问题。(　　)
7. 有许多问题是先假定一种情况,然后询问应答者在该种情况下,他会采取什么行动,例如,"如果××晚报涨价至3元,你是否将改看另一种未涨价的晚报?"这类问题属于意见性问题。(　　)
8. 进行敏感性问题调查时,如不注意方式、方法、措辞等,就会使拒答率相当高,或者得不到真实的答案,从而导致调查失败。对于这类问题的处理,可以改变提问的形式,例如可以采用对象转移法、假定法等。(　　)
9. 某酒店想了解旅客对该酒店房租与服务是否满意,因而做出这样的询问设计:"你对本酒店是否感到满意?"这样的问题,显然有欠具体。(　　)
10. 两项选择题由被调查者在两个固定答案中选择其中一个,不适用于"是"与"否"等互相排斥的二择一式问题。(　　)

专业运用能力训练

能力训练一

设计一份"你家怎样处理废塑料袋"的调查问卷。

要求:在问卷中设计四个方面的调查内容:① 你家废塑料袋的来源? ② 你家如何处理废塑料袋? ③ 一年中你家大约要处理多少只废塑料袋? ④ 你认为回收废塑料袋有意义吗?

能力训练二

某家用电器生产厂家想通过市场调查了解以下问题:企业产品的知名度;产品的市场占有率;用户对产品质量的评价及满意程度。

要求:
(1) 分析这项调查采取哪种调查方式比较合适。
(2) 设计一份调查问卷。

能力训练三

下面是有关汽油销售的调查问卷,阅读后请客观地进行评价。

汽油的销售

本次调查由国家汽油代理商组织,希望更多地了解消费者购买汽油时的期望。所有信息都会被保密。表格填好后请返回给我们。

1. 姓名和地址:
2. 年龄和性别:
3. 婚姻状况:
4. 年龄状况:
   21 岁以下　　　　21~40 岁　　　　　40~60 岁　　　　　60 岁以上
5. 大多数汽油是由您购买的还是您的妻子买的?
6. 去年您买了多少汽油?
   5 000 升以上　　5 000~10 000 升　　10 000~2 000 升　　20 000 升以上
7. 您的汽油油箱容积多大?
8. 在您选购汽油时,价格的重要程度如何?
9. 请您尽可能充分地陈述什么原因使得您购买一种品牌的汽油而不买另外一种。
10. 您喜欢那些免费提供礼物的加油站,是不是?
11. 当您用车执行公务时,您将获赠的礼物或赠券留给自己,还是上交给您的雇主?
12. 您每年行驶的里程是长还是短?

谢谢您的合作。

要求:请指出上述调查问卷中存在的问题,并重新起草一份有关汽油销售的调查问卷。

专业拓展能力训练

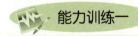

请从下列调查项目中选择自己熟悉或感兴趣的项目,设计一份调查方案,并且设计相应的调查问卷或访谈提纲。

A. 大学生消费状况调查
B. 大学生就业意向调查
C. 大学生感情问题调查
D. 大学生心理健康调查
E. 大学生安全意识调查
F. 大学生诚信问题调查
G. 学生食堂满意度调查
H. 学生上网情况调查

要求：

(1) 以课程学习小组为单元，充分发挥各成员的智慧，设计出具有一定实际应用价值的调查方案和调查问卷。除上述调查项目外，也可自主选择熟悉的调查项目。

(2) 每组选派一名代表在训练课中交流本组的设计方案，由全班民主评分，计入每组亦即每位同学的本次实践成绩，可做 PPT 辅助交流。

(3) 鼓励大家对自己设计的调查方案付诸实施，按方案要求发放、回收问卷，该项作为本次实践成绩的加分项。

能力训练二

阅读下面的调查问卷,指出其存在的问题,并将其改正。

产品服务调查问卷

　　用户同志,您好,为了进一步改进本公司的产品和服务,拓展市场,保证销售与盈利同步增长,实现上级下达的年增长目标,我公司特开展了"了解市场,了解用户"的调查活动,请您在百忙中花时间填写本问卷,我们将在回答问卷的顾客中抽出 100 名中奖者,赠送本公司提供的精美纪念品。

　　填写本问卷不记姓名,我们也会遵照保密法对所填内容给予保密,请您放心真实地填写。谢谢您的支持和合作。

南明大埜公司
地址:柳河东路 126 号
电话:16983257962

(1) 请在符合您的情况和想法的答案前打钩("√")或在_____中填写。
(2) 若无特殊说明,每一个问题只能选择一个答案。
(一) 您的基本情况
① 您的年龄_____岁　② 您的性别_____　③ 您家里有几口人_____
(二) 您居住在
① 城市　② 城镇　③ 农村
(三) 您从何处知道或了解我们的产品
① 报纸　② 电视　③ 朋友介绍　④ 街头广告
(四) 您对本公司服务的满意程度
① 满意　② 一般　③ 不满意　④ 请说明理由:_____
(五) 您认为本公司的产品主要优点是
① 质量可靠　② 产品外观和包装设计好　③ 功能齐全　④ 其他_____
(六) 您认为本公司产品的

	很高	高	低	很低
知名度				
美誉度				

(七) 您认为本公司产品的市场竞争力
① 很强　② 强　③ 一般　④ 较弱　⑤ 很弱

项目三

统计整理技术

任务一 认知统计整理

 学习引导

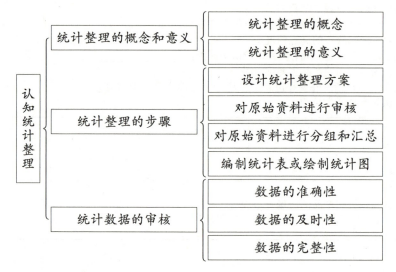

知识认知能力训练

一、单项选择题

1. 统计数据整理介于统计调查和（　　）之间，在统计工作中起到承上启下的作用。
   A. 统计审核　　　B. 统计分析　　　C. 统计抽样　　　D. 统计测量
2. 统计数据整理，就是根据统计研究的目的和任务，对（　　）进行科学的加工整理。
   A. 分析数据　　　B. 整理数据　　　C. 汇总数据　　　D. 原始资料
3. （　　）是根据统计研究的目的和要求，事先对整个统计整理工作做出全面的计划和安排。
    A. 统计整理方案　　　　　　　　B. 统计调查方案
    C. 统计抽样方案　　　　　　　　D. 统计计量方案
4. 设计整理方案、对原始资料进行审核是整理的(　　)。
    A. 前提　　　　B. 基础　　　　C. 中心环节　　　　D. 结果

二、多项选择题

1. 统计整理是(　　)。
    A. 统计调查的继续　　　　　　　B. 统计汇总的继续
    C. 统计调查的基础　　　　　　　D. 统计分析的前提
    E. 对社会经济现象从个体量观察到总体量认识的连续点
2. 统计整理要包括(　　)三个方面的主要内容。
    A. 统计分组　　B. 统计抽样　　C. 统计汇总　　D. 统计图表
    E. 统计度量
3. 统计数据审核的内容主要包括资料的(　　)。
    A. 准确性　　　B. 及时性　　　C. 综合性　　　D. 灵活性
    E. 完整性
4. 统计数据整理的步骤包括(　　)。
    A. 设计统计数据整理方案　　　　B. 对原始资料进行审核
    C. 对原始资料进行分组和汇总　　D. 编制统计表或绘制统计图
    E. 比较大小
5. 统计整理方案的主要内容包括(　　)。
    A. 确定汇总的指标与综合统计表　B. 确定资料审查的内容与方法
    C. 选择资料汇总形式　　　　　　D. 确定分组方案
    E. 对整理各工作环节做出时间安排和先后顺序安排

三、判断题

1. 统计调查得到的数据,是分散的、不系统的原始数据,能深刻揭示事物的本质,也能从量的方面反映事物发展变化的规律性。(　　)
2. 统计数据整理介于统计调查和统计分析之间,在统计工作中起到承上启下的作用。(　　)
3. 统计分组是统计整理的基础,统计汇总是统计整理的结果。(　　)
4. 对资料准确性审核的方法主要是逻辑审核和计算审核。(　　)
5. 统计数据整理的结果,需要用一定的方式表现出来,统计表是表现统计资料的唯一方式。(　　)

专业运用能力训练

某班 50 名学生数学考试成绩情况如表 3.1-1 所示。

表 3.1-1　某班 50 名学生数学考试成绩情况

单位：分

93	67	42	82	73	57	82	62	65	69
76	85	78	84	76	87	75	81	72	56
79	78	82	74	97	56	71	54	86	96
89	62	91	73	64	76	74	67	83	84
86	52	79	64	37	91	85	66	75	79

要求：请对上列数据资料进行初步整理，把学生的成绩分为几种情况，将结果填入表 3.1-2。

表 3.1-2　学生成绩统计表

成　　绩	学生人数/人	频率/%
60 分以下		
60～70 分		
70～80 分		
80～90 分		
90 分以上		
合　　计		

专业拓展能力训练

某学年第二学期 2916 班财务会计课程期中考试成绩如下（单位：分）：

81　74　60　80　80　92　74　84　86　70　76　84　80　61　77　77　37　82　76
76　80　86　83　85　64　79　70　90　85　78　72　69　75　65　73　78　73　66
77　74　60　71　68　58　60　62　76

家长会上，有一位家长看完这个成绩单后说，他的孩子考了 75 分，但他不清楚这个分数到底好不好。请你想一想，如何处理这些数据，才能让家长一目了然地看出学生成绩的大概分布情况。

任务二　数据排序

　学习引导

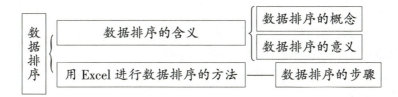

知识认知能力训练

一、单项选择题

1. (　　)是数据资料整理中最常用的方法之一。
   A．数据分组　　　　　　　　B．数据排序
   C．数据汇总　　　　　　　　D．数据筛选
2. 数据排序是将所有(　　)按照字段中常量(即标志值)的大小按顺序重新排列,由此形成新的数据序列的方法。
   A．统计总体　　B．统计指标　　C．数量标志　　D．总体单位
3. 在某些场合,排序本身就是(　　)的目的之一。
   A．调查　　　　B．绘图　　　　C．分析　　　　D．制表
4. 数据排序还有助于对数据(　　),为重新归类或分组等提供依据。
   A．加工整理　　　　　　　　B．统计制图
   C．列表计算　　　　　　　　D．检查纠错
5. (　　)是按一定顺序将数据排列,以便于研究者通过浏览数据发现一些明显的特征或趋势,找到解决问题的线索。
   A．数据排序　　B．数据筛选　　C．数据分组　　D．数据汇总
6. 下面关于排序的说法错误的是(　　)。
   A．要对某一列的数据排序,需选中这一列,然后利用"数据"菜单中的"排序"命令进行
   B．要对某一列的数据排序,只需单击被排序的数据库区域的任意单元格,然后再利用"数据"菜单中的"排序"命令进行
   C．要对某一列的数据排序,可以单击被排序的列中的任意单元格,然后再利用"数

据"菜单中的"排序"命令进行

D. 要对某一列的数据排序,可以单击被排序的列中的任意单元格,然后再单击常用工具栏中的"升序"或"降序"按钮即可

7. 在 Excel 的数据清单中,若根据某列数据对数据清单进行排序,可以利用工具栏上的"降序"按钮,此时用户应先(　　)。

　　A. 选取该列数据　　　　　　　　B. 选取整个工作表数据
　　C. 单击该列数据中任一单元格　　D. 单击数据清单中任一单元格

8. 在一数据清单中,若单击任一单元格后选择"数据"菜单中的"排序"命令,Excel 将(　　)。

　　A. 自动把排序范围限定于此单元格所在的行
　　B. 自动把排序范围限定于此单元格所在的列
　　C. 自动把排序范围限定于整个清单
　　D. 不能排序

二、多项选择题

1. 下列有关排序的说法不正确的有(　　)。
　　A. 只有数字类型可以作为排序的依据
　　B. 只有日期类型可以作为排序的依据
　　C. 笔画和拼音不能作为排序的依据
　　D. 排序规则有升序和降序
　　E. 不论数据量多大,排序要求多么复杂,排序操作瞬间即可完成

2. 在 Excel 中"数据排序"的"选项"对话框内容包括(　　)。
　　A. 区分大小写　　B. 排序方向　　C. 排序方法　　D. 排序次序
　　E. 排序时间

3. 在 Excel 中"数据排序"的"选项"对话框的排序方法有(　　)。
　　A. 按列排序　　　B. 按行排序　　　C. 字母排序　　D. 笔画排序
　　E. 区分大小写

三、判断题

1. 在 Excel 中进行排序时,只能针对列进行排序,而且最多能依据3个关键字段进行排序。(　　)

2. 对工作表数据进行排序,如果数据清单中的第一行包含列标记,则应在"当前数据清单"框中单击"有标题行"按钮,以使该行排除在排序之外。(　　)

3. 在 Excel 2013 中,排序时只能指定一种关键字。(　　)

专业运用能力训练

某班部分学生学业测试成绩统计情况如表 3.2-1 所示。

表 3.2-1 某班部分学生学业测试成绩统计表

学号	姓名	性别	课程一	课程二	课程三	课程四	总分	名次
1	马梦璐	女	78	70	60	84		
2	郭菁菁	女	49	70	54	69		
3	马一休	男	69	66	60	76		
4	范文卉	女	77	75	67	83		
5	黄 冰	女	38	53	49	78		
6	顾盼盼	女	42	73	56	60		
7	王晓丽	女	34	33	60	65		
8	马 悦	女	69	65	63	74		
9	李天慧	女	76	81	86	99		
10	任天雪	女	66	83	68	81		
11	蒋省圣	男	52	66	56	69		
12	李一曼	女	61	70	66	56		
13	张 清	女	72	75	67	77		
14	韩秋峰	男	81	85	87	81		
15	章子维	女	56	70	53	65		
16	启温华	女	29	55	49	86		
17	林大仙	女	71	74	67	94		
18	马雯杰	女	53	53	55	57		
19	周晓琳	女	85	61	71	98		
20	赵雪璐	女	54	60	53	50		
21	陈自强	男	79	85	81	96		
22	吴敏月	女	59	74	58	73		
23	孟雨苇	女	45	56	52	61		
24	姚婷佳	女	73	76	61	68		
25	郭志浩	男	80	50	54	69		
26	李天一	女	68	81	51	66		
27	范小超	男	55	54	50	60		
28	包天啸	男	80	82	85	87		
29	朱成功	男	46	26	47	32		
30	周 虹	女	85	74	77	79		

要求：

（1）在 Excel 表格中，按学号输入班级 30 名学生的学业测试成绩，并用函数公式自动生成总分。

（2）将成绩按总分从高到低排序，如果总分相同再按学号从低到高排序。

专业拓展能力训练

长乐机械公司生产 A 产品，生产过程有 5 道工序，经生产统计调查，获得 9 月 30 日第一生产车间工人各班组（以班组长名字命名）的生产完成进度数据，如表 3.2-2 所示。

表 3.2-2　9 月 30 日第一生产车间工人月产品生产完成进度（%）

工序	班组								
	王竞瑶	曾永江	张家尉	常灵乐	许稳	车欢欢	陈宝玉	杨胜兰	钮超逸
第 1 道	90.78	21.12	78.50	73.64	29.05	6.06	8.90	7.18	44.41
第 2 道	30.63	41.63	66.71	43.62	2.07	68.62	57.15	22.75	91.96
第 3 道	31.52	10.86	9.03	91.03	49.61	37.17	54.33	72.83	20.49
第 4 道	58.63	79.32	55.94	63.60	66.84	90.05	62.16	55.61	63.54
第 5 道	79.09	84.17	68.73	65.81	87.52	55.39	77.43	83.19	59.13

请你运用数据排序技术完成下列要求：

（1）列出第 1 道、第 2 道、第 3 道工序的生产完成进度分别对应排在第 5、第 6、第 7 的工人姓名及具体数据。

（2）列出常灵乐、陈宝玉、钮超逸在第 2 道、第 4 道、第 5 道工序的生产完成进度排名。

任务三 数据筛选

知识认知能力训练

一、单项选择题

1. （　　）就是将符合条件的总体单位记录留下来，不符合条件的总体单位记录剔除掉，以掌握有多少总体单位符合条件。
   A. 数据排序　　　B. 数据分组　　　C. 数据筛选　　　D. 数据汇总
2. 在 Excel 中"自定义自动筛选方式"的对话框中，可用"＊"代表（　　）。
   A. 单个字符　　　　　　　　　　B. 任意多个字符
   C. 二个字符　　　　　　　　　　D. 多个字符
3. 在 Excel 2013 中，点击"筛选"按钮后，每一字段中的下拉式框中不包含（　　）选项。
   A. 数字筛选　　　　　　　　　　B. 自定义筛选
   C. 前 5 个…　　　　　　　　　　D. 该字段中的全部常量

二、多项选择题

1. 以下对 Excel 中筛选功能的描述不正确的有（　　）。
   A. 按要求对工作表数据进行排序
   B. 隐藏符合条件的数据
   C. 只显示符合设定条件的数据，而隐藏其他数据
   D. 按要求对工作表数据进行分类
   E. 筛选后的数据清单仅包含满足条件的记录

2. 在 Excel 2013 中,"数据"菜单中的"筛选"中有(　　)几个子命令。
   A. 数字筛选　　　　B. 全部显示　　　C. 前 10 项　　　D. 高级筛选
   E. 手工筛选
3. 高级筛选的方式有(　　)。
   A. 在原有区域显示筛选结果　　　　B. 将筛选结果复制到其他文件中
   C. 在原有区域隐藏筛选掉的内容　　D. 删除不满足条件的记录
   E. 将筛选结果复制到其他位置

三、判断题

1. 选中某个数据,点击"筛选"后,首行的数据会出现一个下拉箭头,点击下拉箭头,则只出现"全部""前 10 个""自定义"三个选项。(　　)
2. 对数据资料进行各种不同条件的筛选是统计研究经常要用到的手段,也是统计整理的经常性工作之一。(　　)
3. 在 Excel 中提供了对数据清单中的记录"筛选"的功能,所谓"筛选"是指经筛选后的数据清单仅包含满足条件的记录,其他的记录都被删除了。(　　)

专业运用能力训练

相关资料见本项目任务二中表 3.2-1。
要求:
(1) 在 Excel 表格中,按学号输入班级 30 名学生的学业测试成绩,并用函数公式自动生成总分。
(2) 筛选出四门课程成绩都在 80 分(含 80 分)以上的学生。
(3) 筛选出四门课程成绩都在 60 分(不含 60 分)以下的学生。
(4) 筛选出总分在 240 分(含 240 分)以上的学生。

专业拓展能力训练

能力训练一

某校1619班学生的经济学课程期末考试成绩(单位:分)如下：

61	82	97	86	73	55	77	83	78	72	53
69	76	84	59	78	67	85	79	84	58	79
55	63	66	90	62	65	87	94	53	89	81
51	90	72	96	57	64	95	59	80		

请运用数据筛选技术，列出小于班级平均分的具体分数及个数。

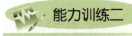
能力训练二

某生产车间工人的日加工零件数(单位:件)如下：

30	26	42	41	36	44	40	37	37	25	45	29	43
31	36	36	49	34	47	33	43	38	42	54	34	38
46	43	39	35	51	26	42	35	56	47	25	58	

则该车间：

(1) 超过平均件数的工人有多少人？请列出他们的日加工零件数。

(2) 比平均件数还低3件(含3件)的工人有多少人？请列出他们的日加工零件数。

任务四　数据分组

学习引导

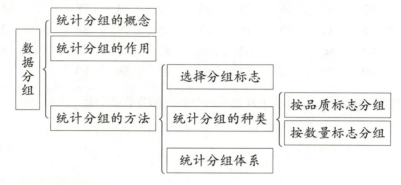

知识认知能力训练

一、单项选择题

1. 将统计总体按照一定标志划分为若干个组成部分的统计方法是(　　)。
   A. 统计整理　　　　B. 统计分析　　　　C. 统计调查　　　　D. 统计分组
2. 反映统计对象属性的标志是(　　)。
   A. 主要标志　　　　B. 品质标志　　　　C. 辅助标志　　　　D. 数量标志
3. 采用两个或两个以上标志对社会经济现象总体分组的统计方法是(　　)。
   A. 品质标志分组　　　　　　　　　　B. 复合标志分组
   C. 混合标志分组　　　　　　　　　　D. 数量标志分组
4. 国民收入水平分组是(　　)。
   A. 品质标志分组　　　　　　　　　　B. 数量标志分组
   C. 复合标志分组　　　　　　　　　　D. 混合标志分组
5. 统计分组的核心问题是(　　)。
   A. 选择分组的标志　　　　　　　　　B. 划分各组界限
   C. 区分事物的性质　　　　　　　　　D. 对分组资料再分组
6. 简单分组和复合分组的区别在于(　　)。
   A. 总体的复杂程度不同　　　　　　　B. 组数的多少不同
   C. 选择分组标志的性质不同　　　　　D. 选择分组标志的数量多少不同

7. 对同一总体选择(　　)标志分别进行简单分组,就形成平行分组体系。
   A. 一个　　　　　　　　　　　　　　B. 两个
   C. 两个或两个以上　　　　　　　　　D. 三个或三个以上

二、多项选择题

1. 统计分组(　　)。
   A. 是一种统计方法　　　　　　　　　B. 对总体而言是"组"
   C. 对总体而言是"分"　　　　　　　 D. 对个体而言是"组"
   E. 对个体而言是"分"
2. 统计分组的关键在于(　　)。
   A. 按品质标志分组　　　　　　　　　B. 按数量标志分组
   C. 选择分组标志　　　　　　　　　　D. 划分各组界限
   E. 按主要标志分组
3. 统计分组的主要作用在于(　　)。
   A. 区分现象的类型　　　　　　　　　B. 反映总体的内部结构
   C. 分析现象之间的依存关系　　　　　D. 说明总体单位的数量特征
   E. 反映事物的表面现象
4. 下列选项按数量标志分组的有(　　)。
   A. 企业按销售计划完成程度分组　　　B. 学生按健康状况分组
   C. 工人按产量分组　　　　　　　　　D. 职工按工龄分组
   E. 企业按隶属关系分组
5. 统计分组(　　)。
   A. 是全面研究社会经济现象的重要方法,可以发现其特点与规律
   B. 可将复杂社会经济现象分类
   C. 可分析总体内部结构
   D. 有利于揭示现象间的依存关系
   E. 就是设计统计数据整理方案
6. 分组标志的选择(　　)。
   A. 是对总体划分的标准　　　　　　　B. 要根据统计研究目的进行
   C. 要适应被研究对象的特征　　　　　D. 必须是数量标志
   E. 要根据现象所处的历史条件或经济条件来选择
7. 统计分组体系的形式有(　　)。
   A. 品质标志分组和平行分组体系　　　B. 数量标志分组和复合分组体系
   C. 简单分组和平行分组体系　　　　　D. 复合分组和平行分组体系
   E. 复合分组和复合分组体系
8. 下列选项按品质标志分组的有(　　)。
   A. 人口按性别、文化程度等标志进行分组　　B. 学生按健康状况分组

C. 工人按产量分组　　　　　　　　D. 国民经济按部门和产业分组
E. 职工按工龄分组

三、判断题

1. 统计分组是根据研究的目的,将统计总体按照一定的标志区分为若干个组成部分的一种统计方法。（　　）
2. 统计分组是在统计总体内部进行的一种特定分类,无论是对总体而言还是对个体而言都是"分",即分为性质相异的若干部分。（　　）
3. 对零星分散的统计资料,经过统计分组整理后,仍然不能发现其特点与规律。（　　）
4. 统计分组中关键的问题在于选择分组标志和各组界限的划分,而各组界限的划分则是统计分组的核心问题。（　　）
5. 按品质标志分组的结果形成品质数列。（　　）
6. 单项式分组每一组只包含一个变量值。（　　）
7. 复合分组体系中各个分组标志之间没有主次之分。（　　）
8. 一般来讲复合分组时分组标志不宜过多。（　　）

专业运用能力训练

能力训练一

某厂有两个车间。甲车间有职工 150 人,其中男性为 100 人,女性为 50 人。男性职工中高级职称职工为 10 人,中级职称职工为 45 人,其余为初级职称及以下。女性职工中高级职称职工为 4 人,中级职称职工为 17 人,其余为初级及以下。乙车间共有职工 200 人,其中男性为 145 人,女性为 55 人。男性职工中高级职称职工为 19 人,中级职称职工为 56 人,其余为初级职称及以下。女性职工中高级职称职工为 10 人,中级职称职工为 15 人,其余为初级及以下。

要求：根据上述资料编制复合分组表。

能力训练二

某地区 30 个工业企业基本情况如表 3.4-1 所示。

表 3.4-1 某地区 30 个工业企业基本情况

编号	部门	经济类型	职工人数/人	编号	部门	经济类型	职工人数/人
1	工业	国有	200	16	工业	国有	380
2	商业	国有	220	17	商业	国有	400
3	交通	个体	230	18	商业	集体	410
4	工业	集体	235	19	工业	集体	410
5	商业	集体	240	20	工业	集体	420
6	交通	个体	280	21	交通	个体	420
7	工业	国有	290	22	商业	个体	420
8	工业	个体	300	23	工业	国有	480
9	商业	国有	310	24	交通	国有	480
10	交通	国有	320	25	工业	集体	500
11	工业	个体	340	26	交通	国有	520
12	商业	国有	350	27	工业	集体	520
13	工业	集体	360	28	工业	国有	800
14	商业	集体	360	29	商业	国有	800
15	工业	集体	440	30	工业	国有	900

要求：根据上述资料，以部门、经济类型、职工人数（分三组）为分组标志编制如下统计表：

（1）简单平行分组体系表。

（2）复合分组表。

专业拓展能力训练

为评价家具行业售后服务的质量,随机抽取了由100个家庭构成的一个样本。服务质量的等级分别表示为：A. 好；B. 较好；C. 一般；D. 差；E. 较差。调查结果如下：

B	E	C	C	A	D	C	B	A	E
D	A	C	B	C	D	E	C	E	E
A	D	B	C	C	A	E	D	C	B
B	A	C	D	E	A	B	D	D	C
C	B	C	E	D	B	C	C	B	C
D	A	C	B	C	D	E	C	E	B
B	E	C	C	A	D	C	B	A	E
B	A	C	D	E	A	B	D	D	C
A	D	B	C	C	A	E	D	C	B
C	B	C	E	D	B	C	C	B	C

要求：
(1) 请运用数据分组技术对上述数据进行分组,并说明按什么标志分组。
(2) 根据分组结果,简要说明家具行业售后服务的质量情况。

任务五　编制分配数列

学习引导

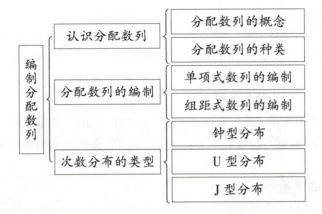

知识认知能力训练

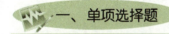

1. 次数分配数列是(　　)。
   A. 按数量标志分组形成的数列
   B. 按品质标志分组形成的数列
   C. 按统计指标分组形成的数列
   D. 按数量标志和品质标志分组形成的数列
2. 在全距一定的条件下,组距的大小与组数的多少(　　)。
   A. 成正比　　　　　　　　　　B. 成反比
   C. 无关系　　　　　　　　　　D. 有时成正比,有时成反比
3. 在分组时,凡遇到某单位的标志值刚好等于相邻两组上下限数值时,一般是(　　)。
   A. 将此值归入上限所在组　　　B. 将此值归入下限所在组
   C. 将此值归入两组均可　　　　D. 另立一组
4. 划分连续变量的组限时,相邻两组的组限必须(　　)。
   A. 重叠　　　B. 相近　　　C. 不等　　　D. 间断
5. 将某企业职工按日生产的产品件数多少分为四组:100 件以下、100~140 件、140~180 件、180 件以上。第一组和第四组的组中值分别为(　　)。
   A. 80 和 200　　B. 90 和 210　　C. 100 和 180　　D. 60 和 220

6. 下列选项属于品质数列的是(　　)。
   A. 学生按成绩分布的数列
   B. 企业按类型分布的数列
   C. 工人按工资分布的数列
   D. 学校按招生规模分布的数列
7. 一般情况下,按成绩分布的学生人数表现为(　　)。
   A. 正态分布
   B. U 型分布
   C. J 型分布
   D. 统计分布
8. Excel 中,利用 FREQUENCY 函数来构造公式汇总各组频数,在完成公式输入时,必须按(　　)结束。
   A. Ctrl + Enter
   B. Enter
   C. Shift + Enter
   D. Ctrl + Shift + Enter
9. 在组距式数列中,表示各组界限的变量值称为(　　)。
   A. 上限
   B. 下限
   C. 中限
   D. 组限
10. 向上开口组的组中值的计算方法为(　　)。
    A. 下限 + 邻组组距 ÷ 2
    B. 上限 − 邻组组距 ÷ 2
    C. 下限 + 邻组组距 × 2
    D. 上限 − 邻组组距 × 2

二、多项选择题

1. 次数分配数列(　　)。
   A. 由总体按其标志所分的组和各组对应的单位数两个因素构成
   B. 由组距和组数、组限和组中值构成
   C. 包括品质分配数列和变量数列两种
   D. 可以用图表形式表现
   E. 可以表明总体结构和分布特征
2. 统计分布必须满足的条件有(　　)。
   A. 各组的频率大于 0
   B. 各组的频数大于 100
   C. 各组的频率大于 1
   D. 各组的频数总和等于 100
   E. 各组的频率总和等于 1 或者 100%
3. 在组距式数列中,组中值是(　　)。
   A. 上限和下限之间的中点数值
   B. 用来代表各组标志值的平均水平
   C. 在开口组中无法确定
   D. 在开口组中,可以参照相邻组的组距确定
   E. 就是组平均数
4. 在等距数列中,组距的大小与(　　)。
   A. 总体单位的多少成正比
   B. 组数的多少成正比
   C. 组数的多少成反比
   D. 全距的大小成反比
   E. 全距的大小成正比

5. 表3.5-1中的数列属于(   )。

表3.5-1 某地区企业生产计划完成情况表

按生产计划完成程度分组/%	企业数/个
80~90	15
90~100	30
100~110	5
合　计	50

A. 品质分配数列　　B. 变量分配数列　　C. 组距式数列　　D. 等距数列
E. 次数分配数列

三、判断题

1. 分配数列的实质是把总体单位总量按照总体所分的组进行分配。(   )
2. 次数分配数列是指按数量标志分组所形成的变量分配数列。(   )
3. 在确定组限时,最大组的上限应不小于最大的变量值。(   )
4. 编制组距式数列时,若分组标志为离散型变量,既可以采用重叠组限,也可以采用间断组限。(   )
5. 开口组可以计算组距和组中值。(   )
6. 当标志值变动很不均匀,存在急剧的增长、下降,变动幅度很大的情况下,可以编制不等距数列来反映总体的分布特征。(   )
7. 根据"上限不在内"原则,标志值等于100的单位肯定不属于90~100这一组。(   )
8. 全距是指所有变量值中最大变量值和最小变量值的差距。(   )
9. 人口死亡率按年龄分布属于典型的钟型分布。(   )
10. FREQUENCY函数设置中,最大组可以不设置分段点。(   )

专业运用能力训练

能力训练一

某生产车间30名工人看管机器数量的资料如下:

5 4 2 4 3 4 3 4 4 5 4 3 4 2 6
4 4 2 5 3 4 5 3 2 4 3 6 3 5 4

根据以上资料编制变量分配数列。

能力训练二

通过对某地区居民家庭人均消费性支出情况进行抽样调查,得到54户家庭人均月消费性支出(单位:元)资料如下:

```
348  408  474  532  914  321  462  516  591  330  405
276  690  372  466  513  426  315  393  501  624  420
465  252  336  462  495  450  336  399  519  561  324
477  564  438  360  447  489  288  558  471  636  390
261  552  438  582  384  471  243  405  252  618
```

请根据以上数据采用两种分组方案分别编制变量数列,并比较这两个数列在反映总体分布特征上哪一个效果更好。

专业拓展能力训练

请将专业运用能力训练二中的数据输入到 Excel 工作表中,使用 FREQUENCY 函数完成数列的编制。

任务六 数据汇总

学习引导

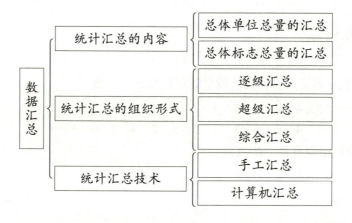

知识认知能力训练

一、单项选择题

1. 统计整理的中心工作是（　　）。
   A. 对原始资料进行审核　　　　　　B. 编制统计表
   C. 统计汇总　　　　　　　　　　　D. 汇总资料的再审核
2. 下列选项属于总体标志总量汇总的是（　　）。
   A. 人口普查中对人口总数进行汇总　　B. 经济普查中对单位总数进行汇总
   C. 耕地调查中对耕地总面积进行汇总　D. 商业企业调查中对营业面积进行汇总
3. 我国现行统计报表制度主要采用（　　）方式。
   A. 逐级汇总　　　B. 超级汇总　　　C. 综合汇总　　　D. 集中汇总
4. 我国人口普查的资料汇总采用（　　）方式。
   A. 逐级汇总　　　B. 超级汇总　　　C. 综合汇总　　　D. 集中汇总
5. 划记法主要适用于对（　　）汇总。
   A. 总体单位总量　　　　　　　　　B. 总体标志总量
   C. 总体平均指标　　　　　　　　　D. 总体结构指标

二、多项选择题

1. 统计汇总在内容上包括（　　）。
   A. 总体单位总量的汇总　　　　　　B. 总体标志总量的汇总
   C. 总体平均指标的汇总　　　　　　D. 总体结构指标的汇总
   E. 总体变异指标的汇总
2. 统计汇总的组织形式包括（　　）。
   A. 逐级汇总　　　B. 集中汇总　　　C. 超级汇总　　　D. 越级汇总
   E. 综合汇总
3. 下列方法适用于对总体单位数进行汇总的有（　　）。
   A. 划记法　　　　B. 过录法　　　　C. 折叠法　　　　D. 传票法
   E. 登记法
4. 运用电子计算机汇总，大致步骤包括（　　）。
   A. 编程序　　　　B. 编码　　　　　C. 数据录入　　　D. 数据编表
   E. 计算与编表
5. 常见的手工汇总技术包括（　　）。
   A. 划记法　　　　B. 过录法　　　　C. 折叠法　　　　D. 传票法
   E. 卡片法

三、判断题

1. 统计汇总是统计整理最关键的工作。（　　）
2. 统计汇总就是指对总体单位的数目所进行的汇总。（　　）
3. 统计汇总过程中绝对不允许出现将资料越过上一级主管部门直接报送到更高层次部门进行汇总的情况。（　　）
4. 过录法既适用于对总体单位总量进行汇总，也适用于对总体标志总量进行汇总。（　　）
5. 传票法只适用于对总体标志总量进行汇总。（　　）

专业运用能力训练

能力训练一

海源公司职工工资如表3.6-1所示。

表3.6-1　海源公司职工工资表

工号	姓名	性别	出生年月	所属部门	员工类别	当月工资/元
A00001	刘楠楠	女	1972.03	企划部	普通职员	3 800.00
A00002	张　衡	男	1982.11	生产部	普通职员	4 000.00
A00003	俞小军	男	1966.03	科研部	部门负责人	15 200.00
A00004	覃娜娜	女	1983.06	财务部	普通职员	3 750.00
A00005	安　格	男	1973.05	销售部	部门负责人	4 500.00
A00006	薛　璐	男	1990.12	销售部	普通职员	3 600.00
A00007	葛　明	女	1985.04	财务部	部门负责人	7 400.00
A00008	李安宇	男	1963.10	科研部	普通职员	4 000.00
A00009	王　军	男	1974.05	企划部	总经理	49 800.00
A00010	夏　天	女	1984.03	生产部	普通职员	3 520.00
A00011	王　晓	男	1982.05	生产部	部门负责人	4 960.00
A00012	张　池	男	1978.05	采购部	部门负责人	7 202.00

要求：将表3.6-1中数据输入到Excel工作表中，利用"分类汇总"工具完成下列操作：
（1）按部门汇总总工资。
（2）按性别汇总平均工资。
（3）按部门汇总各部门人数。
（4）按员工类别统计各类别员工的最高工资。
（5）汇总各部门男性职工和女性职工的平均工资。
（6）以第(5)题汇总结果为基础，练习汇总结果的分级显示。

能力训练二

利用 Excel "数据透视表"功能完成专业运用能力训练一中(1)至(5)题,并以第(5)题汇总结果为基础,建立数据透视图。

专业拓展能力训练

能力训练一

将表 3.6-1 中的数据输入到 Excel 工作表内,利用 Excel 函数完成下列汇总:
(1) 汇总员工总数。
(2) 汇总女性员工总数。
(3) 汇总当月工资大于 5 000 元的员工数。
(4) 汇总当月工资大于 5 000 元小于 10 000(含 10 000)元的员工数。
(5) 汇总生产部的员工人数。
(6) 汇总非企划部的员工人数。
(7) 汇总所有员工的当月工资总额。
(8) 汇总所有男性员工的工资总额。
(9) 汇总普通职员的工资总额。
(10) 利用 SUM 函数汇总工资大于 5 000 元小于 10 000(含 10 000)元的员工数。
(11) 利用 SUM 函数汇总工资小于 5 000 元或者大于 10 000 元的员工数。
(12) 汇总所有生产部员工的平均工资。

能力训练二

肺活量是指在不限时间的情况下,一次最大吸气后再尽最大能力所呼出的气体量,这代表肺一次最大的机能活动量,是反映人体生长发育水平的重要机能指标之一。根据《国家学生体质健康标准》的要求,肺活量是小学五、六年级及初中、高中、大学各年级学生的必测项目。

某校从全校13岁男同学中随机抽取了30名同学,调查了他们的身高和肺活量,相关数据见表3.6-2。

表3.6-2 某校30名13岁男同学身高和肺活量调查表

编号	身高/cm	肺活量/mL	编号	身高/cm	肺活量/mL
1	135.1	1 750	16	153.0	1 750
2	139.9	2 000	17	147.6	2 000
3	163.6	2 750	18	157.5	2 250
4	146.5	2 500	19	155.1	2 750
5	156.2	2 750	20	160.5	2 000
6	156.4	2 000	21	143.0	1 750
7	167.8	2 750	22	149.4	2 250
8	149.7	1 500	23	160.8	2 750
9	145.0	2 500	24	159.0	2 500
10	148.5	2 250	25	158.2	2 000
11	165.5	3 000	26	150.0	1 750
12	135.0	1 250	27	144.5	2 250
13	153.3	2 750	28	154.6	2 500
14	152.0	1 750	29	156.5	1 750
15	160.5	2 250	30	148.2	2 002

要求:查找资料了解"过录法"在实际工作中的应用,然后设计一份过录表,对表3.6-2中的数据按身高进行分组整理。

项目四

统计描述技术

任务一 认知统计表

 学习引导

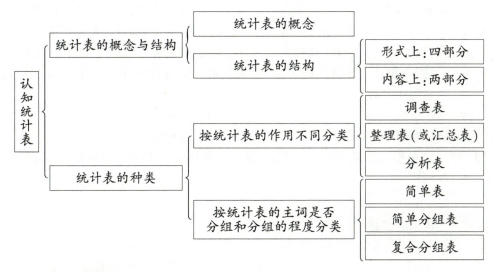

知识认知能力训练

一、单项选择题

1. 经过统计整理将大量的统计资料通过表格的形式系统地表现出来,这种表格就是( )。

   A. 简单表　　　　B. 统计表　　　　C. 分组表　　　　D. 复合表

2. ( )是指统计表的名称,用以概括统计表中的全部内容,一般用简明扼要的文字写在表的上端居中。

   A. 总标题　　　　B. 副标题　　　　C. 横行标题　　　　D. 纵栏标题

3. (　　)是指用来说明总体数量特征的各个统计指标及其数值,一般列在表的右半部分。
   A. 主词栏　　　　B. 动词栏　　　　C. 宾词栏　　　　D. 谓词栏
4. (　　)是在统计调查中用于登记、搜集原始资料的表格。
   A. 整理表　　　　B. 分析表　　　　C. 汇总表　　　　D. 调查表
5. (　　)是指统计总体仅按一个标志进行分组的统计表,即统计表的主词按某一个标志分组的统计表。
   A. 简单分组表　　　　　　　　　　B. 简单表
   C. 复合分组表　　　　　　　　　　D. 复合表
6. (　　)是指统计总体按两个以上标志进行重叠分组的统计表,即统计表的主词按两个或两个以上标志分组呈现层叠排列的统计表。
   A. 简单表　　　　　　　　　　　　B. 复合表
   C. 简单分组表　　　　　　　　　　D. 复合分组表
7. (　　)是指统计总体未做任何分组的统计表,即统计表的主词栏仅罗列总体各单位的名称或按时间顺序排列的统计表。
   A. 简单分组表　　B. 简单表　　　　C. 复合分组表　　D. 复合表
8. (　　)是在统计分析中用于对整理所得的统计资料进行统计定量分析的表格。
   A. 分析表　　　　B. 调查表　　　　C. 整理表　　　　D. 汇总表
9. (　　)是指统计表的横行的名称,用来表示各组的名称,代表统计表要说明的对象,一般写在表的左方。
   A. 纵栏标题　　　　　　　　　　　B. 数字资料
   C. 横行标题　　　　　　　　　　　D. 总标题
10. (　　)是指统计表所要说明的总体及其组成部分,一般列在表的左半部分。
    A. 动词栏　　　　B. 宾词栏　　　　C. 谓词栏　　　　D. 主词栏

二、多项选择题

1. 广义的统计表应包括(　　)等统计工作各阶段中所使用的一切表格。
   A. 统计调查　　　B. 调查目的　　　C. 统计整理　　　D. 统计分析
   E. 调查作用
2. 统计表能使统计资料表现为(　　),不但使人们阅读时一目了然,更重要的是能够合理地、科学地组织统计资料,便于对比分析,以研究现象的规模、速度和比例关系等,为国家的宏观与微观的决策、计划提供数据依据。
   A. 合理化　　　　B. 条理化　　　　C. 规模化　　　　D. 系统化
   E. 标准化
3. 从形式上看,统计表由(　　)几个部分组成。
   A. 总标题　　　　B. 横行标题　　　C. 纵栏标题　　　D. 副标题
   E. 数字资料

4. 从内容上看,统计表由（　　）几个部分组成。
   A. 主词栏　　　　B. 动词栏　　　　C. 宾词栏　　　　D. 定词栏
   E. 谓词栏
5. 按作用不同,统计表分为（　　）。
   A. 调查表　　　　B. 整理表　　　　C. 简单表　　　　D. 汇总表
   E. 分析表
6. 按主词是否分组和分组的程度,统计表分为（　　）。
   A. 调查表　　　　　　　　　　　　B. 简单表
   C. 简单分组表　　　　　　　　　　D. 复合分组表
   E. 分析表

三、判断题

1. 统计表的特点是具体翔实,在实际工作中,利用统计表可以从各方面进行比较、分析和研究社会现象的数量表现。（　　）
2. 横行标题是指统计表的纵栏的名称,用来表示各项统计指标,一般写在表的上方。（　　）
3. 有些统计表在表下方还增列补充资料、注释、资料来源、填表单位、填表人等附加内容。（　　）
4. 按统计表的作用不同,分为简单表、简单分组表和复合分组表。（　　）
5. 从形式上看,统计表由主词栏和宾词栏两个部分组成。（　　）
6. 利用简单分组可以揭示不同现象的特征,说明现象内部的结构,分析现象之间的相互关系等。（　　）
7. 在一定分析任务下,复合分组表可以把更多的标志结合起来,更深入地分析现象的特征和规律性。（　　）
8. 复合分组表的分组层次越多,就显得更翔实,使人容易明白。（　　）
9. 统计表中的数字资料是指统计表中的指标数值,列在各横行标题和纵栏标题的交叉处。（　　）
10. 简单表是指统计总体仅做了简单分组的统计表。（　　）

专业运用能力训练

要求:请仔细审视下列统计表并指出其中的错误。

1. 根据会计 1609 班第二学期财务会计学习情况制作的统计表如表 4.1-1、表 4.1-2、表 4.1-3 和表 4.1-4 所示。

表 4.1-1　会计 1609 班第二学期财务会计学习情况（一）

成　绩	总人数	比重/%	其中	
			男	女
60 分以下	3	6.7	2	1
60~75 分	9	20	6	3
75~90 分	23	51.1	17	6
90~100 分	10	22.2	6	4
合　计	45	100	31	14

错误：

表 4.1-2　会计 1609 班第二学期财务会计学习情况（二）

成绩	人数	比重/%
60 分以下	3	6.7%
60~75 分	9	20.0%
75~90 分	23	51.1%
90~100 分	10	22.2%
合　计	45	100.0%

错误：

表 4.1-3　会计 1609 班第二学期财务会计学习情况（三）

成绩	人数	比重/%
60 分以下	3	6.7
60~75 分	9	20
75~90 分	23	51.1
90~100 分	10	22.2
合　计	45	100

错误：

表4.1-4　会计1609班第二学期财务会计学习情况（四）

成绩	人数	比重/%
60分以下	—	—
60~75分	12	26.7
75~90分	23	51.1
90~100分	10	22.2
合　计	45	100

错误：

2. 根据某厂某年总产值计划完成情况制作的统计表如表4.1-5、表4.1-6、表4.1-7和表4.1-8所示。

表4.1-5　某厂某年总产值计划完成情况（一）

产品名称	总产值		计划完成程度/%
	计划	实际	
甲	15	16	106.7
乙	20	20	100
丙	20	23	115
丁	10	10	100
合　计	65	69	106.2

错误：

表4.1-6　某厂某年总产值计划完成情况（二）

产品名称	计划总产值/万元	实际总产值/万元	计划完成程度/%
甲	15	16	106.7
乙	20	20	100
丙	20	23	115
丁	10	10	100
合　计	65	69	421.7

错误：

表 4.1-7　某厂某年总产值计划完成情况（三）

产品名称	计划总产值	实际总产值	计划完成程度
计量单位	万元	万元	%
甲	15	16	106.7
乙	20	20	100
丙	20	23	115
丁	10	10	100
合　计	65	69	106.2

错误：

表 4.1-8　某厂某年总产值计划完成情况（四）

产品名称	总产值/万元		计划完成程度/%
	计　划	实　际	
甲	15	16	106.7
乙	20	20	100
丙	同上	23	115
丁	10	10	100
合　计	65	69	106.2

错误：

3. 根据某厂某年产量及费用情况制作的统计表如表 4.1-9、表 4.1-10 和表 4.1-11 所示。

表 4.1-9　某厂某年产量及费用情况（一）

产品名称	计量单位	产　量	生产费用	
			金额/元	比重/%
甲	台	50	11 500	20.4
乙	件	330	3 960	7
丙	件	260	8 580	15.2
丁	台	150	32 250	57.3
合　计	—	—	56 290	99.9

错误：

表 4.1-10 某厂某年产量及费用情况(二)

产品名称	计量单位	产量	生产费用	
			金额/元	比重/%
甲	台	50	11 500	20.4
乙	件	330	3 960	7
丙	件	260	8 580	15.2
丁	台	150	32 250	57.3
合　计	—	790	56 290	100

错误：

表 4.1-11 某厂某年产量及费用情况(三)

产品名称	产量	生产费用/元	
		金额	比重/%
甲(台)	50	11 500	20.4
乙(件)	330	3 960	7
丙(件)	260	8 580	15.2
丁(台)	150	32 250	57.3
合　计	—	56 290	100

错误：

4. 根据东山村 2017 年农业生产情况制作的统计表如表 4.1-12 所示。

表 4.1-12 2017 年东山村农业生产情况

单位：东山村　　　　2017 年 12 月 31 日

项　目	投工量工日	生产费用/元	总产值/元	
			2010 年不变价	现　价
一、种植业	23 154	129 178	360 902	368 268
1. 粮食作物	15 868	87 402	218 320	222 776
2. 经济作物	5 580	29 678	106 318	108 488
3. 其他农作物	1 706	12 098	36 264	37 004
二、林业	524	3 200	3 136	3 200
三、畜牧业	50	13 270	37 900	38 674
四、渔业	5 600	12 934	50 703	51 738
合　计	52 482	287 760	813 543	830 148

错误：

5. 根据良口村某年农业总产值情况制作的统计表如表 4.1-13 所示。

表 4.1-13 良口村某年农业总产值情况

农产品名称	计量单位	数量	单价/元	农业总产值
甲	千克	23 668	2.35	55 619.8
乙	千克	35 697	6.35	226 675.95
丙	吨	2 653	362.45	961 579.85
丁	箱	569	65	36 985
戊	筐	596	35	20 860
巳	车	211	30	6 330
合 计	—	63 394	501.15	1 308 050.6

错误：

6. 根据某高职校学生申报参加某项资格考试的报名和交费情况制作的统计表如表 4.1-14 所示。

表 4.1-14 某高职校申报某项资格名册

姓 名	性 别	出生年月日	教育学	心理学	普通话测试	申报类别	申报费	费用合计

说明：① 教育学、心理学、申报费栏内填写相关费用数额；
② 普通话测试栏内填"是"或"否"。

错误：

专业拓展能力训练

在一项现况研究中,研究者想探讨胃病患者的心理状态与职业之间的关系,将统计数据整理成如表 4.1-15 所示的统计表:

表 4.1-15 胃病患者职业与心理状态的关系

职业	例数	心理状态					
		开朗		恐惧		忧虑	
		例数	占比/%	例数	占比/%	例数	占比/%
工人	48	20	41.7	14	29.1	14	31.2
干部	7	2	28.4	3	42.8	2	28.4
农民	15	2	13.3	2	13.3	11	73.5
学生	50	8	15.0	38	75.0	4	8.0
合计	120						

要求:请根据统计表制作的基本要求指出本统计表中的错误,并对其进行修改。

任务二 编制统计表

学习引导

知识认知能力训练

一、单项选择题

1. （　　）是显示、承载统计资料的最广泛形式。
   A. 统计表　　　　B. 统计图　　　　C. 统计数据　　　　D. 统计工作
2. 统计表的主词和宾词的排列顺序要正确反映出内容的（　　），如先有计划,后有实际,之后才有计划完成程度。
   A. 详略关系　　　B. 设计关系　　　C. 逻辑关系　　　　D. 先后关系
3. 统计表中的计量单位要注明。当表中计量单位一致时,应将其写在表的（　　）。
   A. 左上角　　　　B. 最左边　　　　C. 右下方　　　　　D. 右上角
4. 统计表中的纵栏计量单位可在（　　）的右边或下边用括号标出。
   A. 横行标题　　　B. 纵栏标题　　　C. 总标题　　　　　D. 副标题
5. 统计表的上端和下端,应分别用（　　）的上基线和下基线画出。
   A. 粗体　　　　　B. 黑体　　　　　C. 宋体　　　　　　D. 斜体
6. 统计表中的各行需要合计时,合计数一般列在（　　）。
   A. 最前边　　　　B. 最右边　　　　C. 最后边　　　　　D. 最左边
7. 统计表的栏次较多时,应加（　　）,主词栏用"甲""乙""丙"等文字标号。
   A. 编号　　　　　B. 标注　　　　　C. 符号　　　　　　D. 栏号
8. 统计表内某栏不可能有数字时,要画（　　）表示。
   A. 长实线"——"　　　　　　　　　B. 省略号"……"
   C. 波浪线"～"　　　　　　　　　　D. 短实线"—"
9. 如果各行或各栏中有相同的数字,应（　　）,不可写上"同上""同左"等字样。
   A. 单独填写　　　　　　　　　　　B. 全部填写
   C. 简略填写　　　　　　　　　　　D. 规范填写
10. 统计表的左右两侧（　　）。
    A. 全封口　　　　B. 半封口　　　　C. 不封口　　　　　D. 要封口

二、多项选择题

1. 统计表的设计一般要遵循（　　）的原则。
   A. 科学　　　　　B. 经济　　　　　C. 简练　　　　　　D. 实用
   E. 完美
2. 设计统计表之前,要对列入表中的统计数据资料进行全面的分析,研究（　　）等。
   A. 哪些指标放在主词栏　　　　　　B. 如何分组
   C. 如何设置指标　　　　　　　　　D. 如何计算合计数
   E. 哪些指标放在宾词栏

3. 在复合分组情况下,横行标题中次一级分组应在前一次分组的各组下,向( )填写。
   A. 右移一字　　　　B. 左移一字　　　　C. 左移二字　　　　D. 右移二字
   E. 下移一字
4. 如果各行或各栏中有相同的数字,应全部填写,不可写上( )等字样。
   A. "同前"　　　　B. "同上"　　　　C. "同后"　　　　D. "同左"
   E. "同右"
5. 统计表的资料来源以及需要加以说明的事项,可以在表的下方加( ),以便查考。
   A. "附注"　　　　B. "解释"　　　　C. "说明"　　　　D. "来源"
   E. "注意"

三、判断题

1. 统计表是表达统计整理结果的唯一形式。( )
2. 统计表的内容应设计紧凑、重点突出,反映问题要一目了然,避免庞杂。( )
3. 为了说明各栏间的数字关系,还可以用加、减、乘、除标出各栏间数字运算关系式。( )
4. 在复合分组情况下,纵栏标题中的次一级分组,应在前一次分组中的各栏中分列小栏填写,并在各小栏前加列小计栏。( )
5. 填写完毕审核无误后,制表人和主管负责人应签名并加盖本单位公章,以示负责。( )

专业运用能力训练

能力训练一

某市有5个食品厂,某年的产值分别是:第一食品厂全年总产值为210万元,第二食品厂全年总产值为186万元,第三食品厂全年总产值为220万元,第四食品厂全年总产值为150万元,第五食品厂全年总产值为350万元。

要求:根据以上资料编制适当的统计表。

能力训练二

某市 5 个食品厂近年来的产值情况如下：

第一食品厂 2013 年的总产值为 86 万元,2014 年为 90 万元,2015 年为 130 万元,2016 年为 170 万元,2017 年为 210 万元。

第二食品厂 2013 年的总产值为 50 万元,2014 年为 80 万元,2015 年为 120 万元,2016 年为 125 万元,2017 年为 186 万元。

第三食品厂 2013 年的总产值为 130 万元,2014 年为 160 万元,2015 年为 200 万元,2016 年为 200 万元,2017 年为 220 万元。

第四食品厂 2013 年的总产值为 120 万元,2014 年为 140 万元,2015 年为 160 万元,2016 年为 150 万元,2017 年为 150 万元。

第五食品厂 2013 年的总产值为 120 万元,2014 年为 160 万元,2015 年为 230 万元,2016 年为 295 万元,2017 年为 350 万元。

要求：根据以上资料编制适当的统计表。

能力训练三

2019—2023年全国社会消费品零售总额及其增长速度如图4.2-1所示。

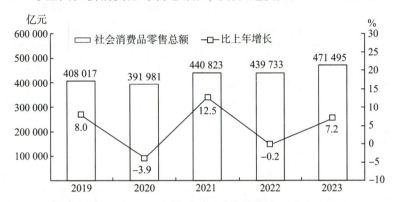

图 4.2-1　2019—2023 年社会消费品零售总额及其增长速度

（资料来源：中国国家统计局网，https：//www.stats.gov.cn/sj/zxfb/202402/t20240228_1947915.html）

要求：根据图4.2-1的数据资料，编制一张恰当的统计表。

专业拓展能力训练

某校会计系1506班毕业学生共有30人,他们的就业情况统计如表4.2-1所示。

表4.2-1 某校会计系1506班毕业学生的就业情况

学 号	性 别	年 龄	就业单位	学 号	性 别	年 龄	就业单位
1	男	24	工业企业	16	女	20	交通企业
2	男	21	工业企业	17	男	23	交通企业
3	女	22	工业企业	18	女	23	商业企业
4	女	23	商业企业	19	女	20	工业企业
5	男	21	商业企业	20	男	19	工业企业
6	男	21	交通企业	21	男	19	商业企业
7	女	22	商业企业	22	女	20	商业企业
8	女	20	工业企业	23	女	20	交通企业
9	女	23	工业企业	24	女	21	交通企业
10	男	23	交通企业	25	女	23	工业企业
11	女	24	交通企业	26	男	24	商业企业
12	女	21	工业企业	27	女	19	商业企业
13	女	23	商业企业	28	男	20	工业企业
14	男	20	工业企业	29	女	20	交通企业
15	女	20	交通企业	30	男	21	交通企业

要求:请用所给资料分别按下列要求编制统计表。

(1) 主词用一个品质标志分组,宾词用一个品质标志和一个数量标志分三组的宾词简单设计表。

(2) 主词用一个品质标志分组,宾词用一个品质标志和一个数量标志分三组的宾词复合设计表。

任务三 认知统计图

学习引导

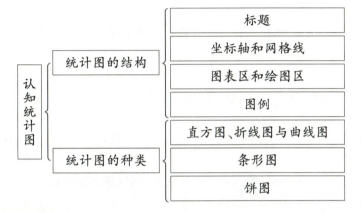

知识认知能力训练

一、单项选择题

1. (　　)是在统计表的基础上,用几何图形或具体形象来表述统计资料的一种表达方式。
   A. 统计数据　　　　　　　　B. 统计图
   C. 统计整理　　　　　　　　D. 统计分析

2. 统计图是进行宣传教育的有效工具,也是进行(　　)、加强经营管理的一种重要手段。
   A. 统计设计　　　　　　　　B. 统计调查
   C. 统计整理　　　　　　　　D. 统计分析

3. 统计图与统计表一样,可以从(　　)方面反映出研究对象的规模、水平、结构、发展趋势和比例关系。
   A. 数量　　　B. 质量　　　C. 数字　　　D. 文字

4. (　　)又称柱状图、质量分布图,是在平面坐标系上,在横轴上根据各组组距的宽度标明各组组距,在纵轴上根据次数的高度标示各组次数绘制成的统计图。
   A. 折线图　　B. 直方图　　C. 曲线图　　D. 饼图

5. 饼图是用圆形或圆内扇形的(　　)来表示数据值大小的图形。
   A. 周长　　　B. 体积　　　C. 面积　　　D. 线条

二、多项选择题

1. 统计图基本包括（　　）几部分。
   A. 绘图区　　　　B. 标题　　　　C. 坐标轴和网格线　　D. 图表区
   E. 图例
2. 常用的用于辅助统计分析的统计图有（　　）。
   A. 柱形图　　　　B. 直方图　　　　C. 圆环图　　　　D. 趋势图
   E. 散点图
3. 统计图的种类很多，擅长直观表现数据的统计图有（　　）等。
   A. 饼图　　　　B. 直方图　　　　C. 圆环图　　　　D. 趋势图
   E. 柱形图
4. 条形图可以横置，称为水平条形图，也可以竖置，称为竖直条形图，有（　　）等多种形式。
   A. 水平式　　　　B. 单式　　　　C. 复式　　　　D. 竖直式
   E. 分段式
5. 条形图和直方图很相似，但两者是有区别的，其区别主要有（　　）。
   A. 条形图的"条"是可以分开的
   B. 直方图的"条"是紧靠在一起的
   C. 条形图用高度（或长度）表示次数，多用于反映分类数据
   D. 直方图用面积表示次数，多用于反映数值型数据
   E. 条形图比直方图更容易表现统计数据的变化

三、判断题

1. 统计图能够将统计资料展示得更为生动具体，便于人们直观地认识事物的特征。（　　）
2. 统计图中的坐标轴和网格线构成了绘图区的骨架，借助坐标轴和网格线，我们可以更容易读懂统计图。（　　）
3. 统计图中的图例用来标明图表中的数据大小。（　　）
4. 饼图主要用于表示总体单位中各组成部分所占的比例，对于研究结构性问题十分有用。（　　）
5. 曲线图绘制的方法是在折线图的基础上，将连接各组次数的坐标点的折线加工修匀为比较平滑的曲线。（　　）

专业运用能力训练

能力训练一

要求:请仔细审视下列统计图并指出其中的错误。

1. 某市东部、西部和北部经济发展情况的柱形图(图4.3-1)。

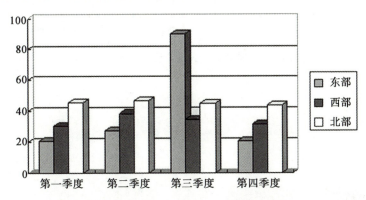

图4.3-1 某市东部、西部、北部经济发展情况

错误:

2. 某市国内生产总值情况变化的条形图(图4.3-2)。

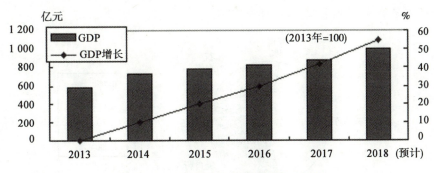

图4.3-2 某市国内生产总值的情况变化

错误:

3. 某企业工人日劳动生产率分布情况的直方图及折线图(图4.3-3)。

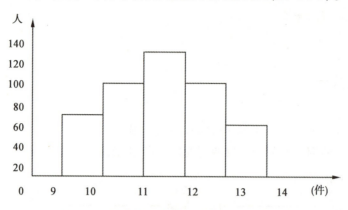

图4.3-3　某企业工人日劳动生产率分布情况

错误：

能力训练二

某校准备搬入新校区，在迁入新校区之前，大家就该校学生如何到达新校区的问题进行了一次调查，并将调查结果制成了表格、条形图和饼图。

要求：请根据图表信息完成下列各题。

（1）此次共调查了多少位学生？

（2）请将表4.3-1填充完整。

（3）请将条形统计图(图4.3-5)补充完整。

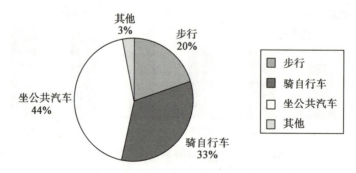

图4.3-4　饼图

表4.3-1　某校学生到达新校区的交通方式情况调查

交通方式	步行	骑自行车	坐公共汽车	其他
人数/人	60			

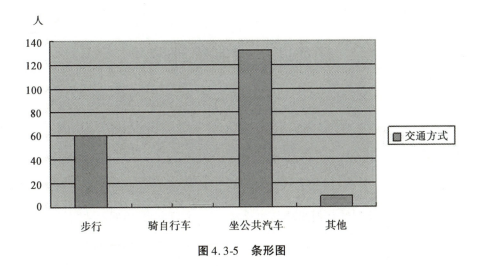

图 4.3-5 条形图

专业拓展能力训练

某地 8 月 2 日白天室外气温统计图如图 4.3-6 所示。

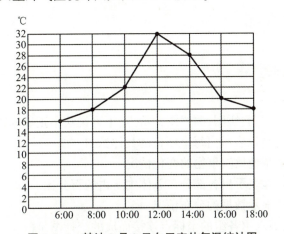

图 4.3-6 某地 8 月 2 日白天室外气温统计图

要求：根据上图信息完成下列各题。

（1）请在折线统计图中标出各圆点所表示的温度。

（2）从统计图中你了解到了哪些情况？

（3）这一天的平均气温是多少度？哪一时间的温度比较接近平均气温？

（4）小华要在 8 月 3 日外出去姥姥家，根据 8 月 2 日的气温统计，小华选择在什么时间外出比较好？

任务四　绘制统计图

学习引导

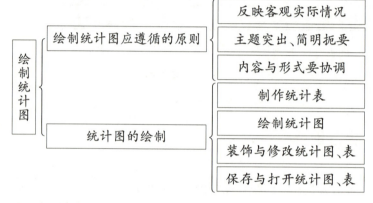

知识认知能力训练

一、单项选择题

1. 关于条形图、折线图、饼图、曲线图的特点，下列说法不正确的是（　　）。
   A. 条形图能清楚地表示出每个项目的具体数目
   B. 折线图能清楚地反映事物的变化情况
   C. 饼图能清楚地表示出各部分在总体中所占的百分比
   D. 曲线图能够显示数据的分布情况

2. 用组中值与次数求出各组的坐标点连接而成的统计图是（　　）。
   A. 直方图
   B. 折线图
   C. 曲线图
   D. 条形图

3. 某校为了了解三年级500名学生的体能情况，随机抽查了其中30名学生，测试了1分钟仰卧起坐的次数，并绘制成如图4.4-1所示的频数分布直方图，请根据图示计算，估计仰卧起坐次数在15～20之间的学生有（　　）名。

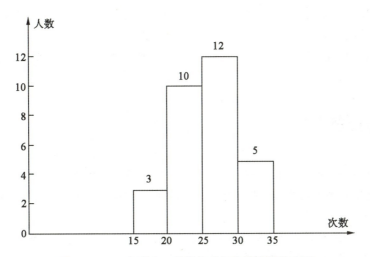

图 4.4-1　30 名学生 1 分钟仰卧起坐的次数分布图

A. 50　　　　　　　B. 85　　　　　　　C. 165　　　　　　　D. 200

4. 绘制直方图应注意的问题是（　　）。
   A. 条形的长度要相等　　　　　　　B. 基线很重要
   C. 条形的宽度要相同　　　　　　　D. 要把时间因素设计在横轴上

5. 利用 Excel 制作统计图，是一种非常快捷、有效的方法，但是有些统计图还是无法利用 Excel 来绘制，如（　　）。
   A. 条形图　　　　B. 统计地图　　　　C. 饼图　　　　D. 折线图

二、多项选择题

1. 绘制统计图应遵循（　　）等原则。
   A. 要具有艺术性　　　　　　　　　B. 能反映客观实际情况
   C. 要主题突出、简明扼要　　　　　D. 图形要适当夸张
   E. 内容与形式要协调

2. 统计图的绘制一般根据实际需要明确制图目的，决定制图应采用的（　　）。
   A. 制图工具　　B. 数据资料　　C. 制图内容　　D. 图式
   E. 表达方法

3. 采用 Excel 2013 绘制统计图时，可以通过（　　）等几个步骤完成统计图的制作。
   A. 选定数据　　　　　　　　　　　B. 单击"插入"菜单中的图表
   C. 选择图表类型　　　　　　　　　D. 添加图表元素
   E. 装饰完善图表

4. 在 Excel 中，图例的位置可以是（　　）等。
   A. 底部　　　　B. 右上角　　　　C. 靠上　　　　D. 靠右
   E. 靠左

5. 采用 Excel 2013 绘制统计图时，"插入图表"对话框中包括（   ）等几个选项。
   A. 推荐的图表　　　　　　　　　B. 所有图表
   C. 设置绘图区格式　　　　　　　D. 设置图表区域格式
   E. 移动图表

三、判断题

1. 统计图与一般的美术图一样，可以进行适当的夸张和修饰。（   ）
2. 统计图可以手工绘制，也可以用电子计算机绘制生成，但手工绘制的统计图更能反映统计工作过程。（   ）
3. 用 Excel 制作统计图，如果图形大小不合适，可把鼠标移到统计图的图表区，单击鼠标左键，再拉动四角的小黑点进行缩放。（   ）
4. 手工绘制统计图一般先用铅笔画好草图，待校对准确后再绘制出正式图形，并书写统计图名称，加注数字文字说明（如绘制单位、日期、资料来源等）和必要的图例。（   ）
5. 如果发现已制作好的统计图的标题、网格线等需要修改，可以在统计图上待修改的位置上单击鼠标左键或右键，在弹出的对话框中进行选择修改。（   ）

专业运用能力训练

能力训练一

某百货公司连续 40 天的商品销售额情况如表 4.4-1 所示。

表 4.4-1　某百货公司连续 40 天的商品销售额

单位：万元

41	25	29	47	38	34	30	38	43	40
46	36	45	37	37	36	45	43	33	44
35	28	46	34	30	37	44	26	38	44
42	36	37	37	49	39	42	32	36	35

要求：请对表 4.4-1 中的数据进行数据分组，编制频数分布表，并绘制直方图和折线图。

能力训练二

为了了解学生的身体发育情况，对某校同龄的 60 名学生的身高进行了测量，结果如表 4.4-2 所示。

表 4.4-2　某校 60 名同龄学生的身高测量情况

单位：cm

167	154	159	166	169	159	156	166	162	158
159	156	166	160	164	160	157	156	157	161
158	158	153	158	164	158	163	158	153	157
162	162	159	154	165	166	157	151	146	151
158	160	165	158	163	163	162	161	154	165
162	162	159	157	159	149	164	168	159	153

要求：

（1）请根据表 4.4-2 中的数据绘制频数分布表（表 4.4-3）。

表 4.4-3　某校 60 名同龄学生的身高分布情况

身高 x/cm	划记	频数
$146 \leqslant x < 149$		
$149 \leqslant x < 152$		
$152 \leqslant x < 155$		
$155 \leqslant x < 158$		
$158 \leqslant x < 161$		
$161 \leqslant x < 164$		
$164 \leqslant x < 167$		
$167 \leqslant x < 170$		

（2）请将表 4.4-3 中整理的数据绘制成条形统计图（图 4.4-2）。

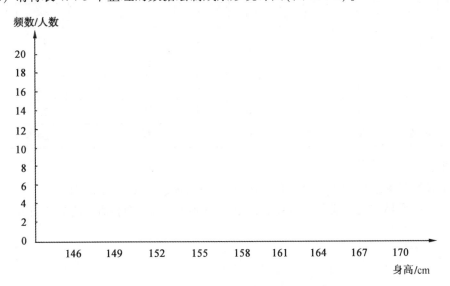

图 4.4-2　某校 60 名同龄学生的身高测量情况

专业拓展能力训练

某企业 36 名职工的基本情况如表 4.4-4 所示。

表 4.4-4　某企业职工的基本情况

工资单位：元

序　号	性　别	民　族	年　龄	工　资	序　号	性　别	民　族	年　龄	工　资
1	男	汉	18	500	19	女	汉	46	760
2	女	汉	45	630	20	男	藏	28	580
3	女	汉	50	900	21	男	汉	24	530
4	男	朝鲜	25	530	22	女	汉	46	630
5	女	汉	20	500	23	女	汉	28	580
6	女	汉	18	500	24	女	汉	32	530
7	女	回	26	580	25	男	满	24	530
8	女	汉	40	710	26	女	汉	21	500
9	男	汉	24	530	27	女	汉	18	500
10	女	汉	22	500	28	女	汉	20	500
11	女	朝鲜	36	630	29	女	汉	24	580
12	女	汉	35	530	30	男	满	40	710
13	女	汉	18	500	31	女	汉	36	630
14	男	汉	38	630	32	女	汉	24	530
15	女	藏	42	630	33	女	壮	30	580
16	女	汉	22	530	34	女	汉	35	580
17	女	汉	23	530	35	男	汉	29	580
18	女	满	36	630	36	男	汉	20	500

要求：
（1）按数量标志进行简单分组和复合分组，编制统计表，绘制条形图。
（2）按品质标志进行简单分组和复合分组，编制统计表，绘制适当的统计图。

项目五

静态分析技术

任务一　总量指标分析

学习引导

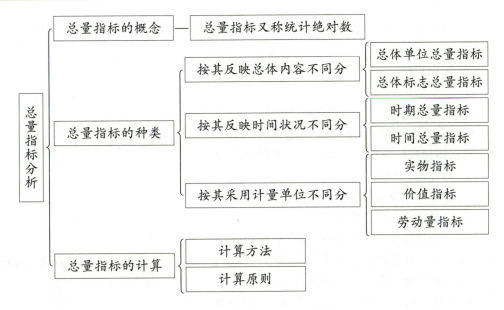

知识认知能力训练

一、单项选择题

1. 总量指标又称统计绝对数，它是反映社会经济现象发展的总规模、总水平的（　　）。
   A. 时期指标　　　　B. 复合指标　　　　C. 综合指标　　　　D. 时点指标

2. （　　）是总体中各单位标志值的总和。
   A. 总体单位总量　　　　　　　　　B. 总体标志总量
   C. 个体单位总量　　　　　　　　　D. 个体标志总量
3. （　　）是反映某种社会经济现象在一段时间发展变化结果的总量指标。
   A. 实物指标　　B. 时点指标　　C. 价值指标　　D. 时期指标
4. 具有广泛的综合性能的统计指标是（　　）。
   A. 实物指标　　　　　　　　　　　B. 总体标志总量
   C. 价值指标　　　　　　　　　　　D. 标准实物指标
5. 下列选项属于时期指标的是（　　）。
   A. 土地面积　　B. 存款余额　　C. 商品库存量　　D. 工资总额
6. 总量指标是用（　　）表示的。
   A. 绝对数形式　　　　　　　　　　B. 相对数形式
   C. 平均数形式　　　　　　　　　　D. 百分比形式
7. 下列选项属于总量指标的是（　　）。
   A. 人均粮食产量　　　　　　　　　B. 资金利用率
   C. 产品合格率　　　　　　　　　　D. 学生人数
8. 某商场2017年空调销售量为6 500台，年末库存量为500台，这两个总量指标是（　　）。
   A. 时期指标
   B. 时点指标
   C. 前者是时期指标，后者是时点指标
   D. 前者是时点指标，后者是时期指标
9. 总量指标按反映总体的时间状态不同，可分为（　　）。
   A. 时期指标和时点指标
   B. 总体标志总量和总体单位总量
   C. 数量指标和质量指标
   D. 实物量指标、价值量指标和劳动量指标
10. 某县有100个副食品零售店，商业职工2 500人，商业零售总额5 000万元，在研究商业职工分布和劳动效率的情况时，（　　）。
    A. 100个商店既是标志总量又是总体单位数
    B. 2 500人既是标志总量又是总体单位数
    C. 5 000万元既是标志总量又是总体单位数
    D. 每个商店的零售额既是标志总量又是总体单位数

二、多项选择题

1. 总量指标按其反映总体内容的不同，分为（　　）。
   A. 总体单位总量　　　　　　　　　B. 劳动量指标

C. 总体标志总量 D. 价值指标
E. 实物指标

2. 总量指标按其反映时间状况的不同,分为(　　)。
   A. 实物指标 B. 时期指标
   C. 价值指标 D. 时点指标
   E. 劳动量指标

3. 总量指标按其所采用计量单位的不同,分为(　　)。
   A. 总体标志总量 B. 实物指标
   C. 价值指标 D. 总体单位总量
   E. 劳动量指标

4. 总量指标的计算原则有(　　)。
   A. 要注意计算口径的统一
   B. 必须科学地确定总量指标的含义和计算范围
   C. 要注意计算方法和计量单位的统一
   D. 要注意计量单位的选择
   E. 应注意区分是时期数还是时点数

5. 总量指标的计算方法有(　　)。
   A. 直接计量法 B. 平均法
   C. 估算法 D. 推算法
   E. 加权法

6. 实物指标的计量单位有(　　)。
   A. 自然单位 B. 度量衡单位
   C. 货币单位 D. 复合单位
   E. 标准单位

7. 由于统计研究目的变动,总体单位总量和总体标志总量不是固定不变的,而是(　　)。
   A. 总体单位总量可以转化为总体标志总量
   B. 总体标志总量可以转化为总体单位总量
   C. 总体单位总量只能转化为总体标志总量
   D. 总体标志总量只能转化为总体单位总量
   E. 可以相互转化

8. 下列选项属于时点指标的有(　　)。
   A. 年末人口数 B. 钢材库存量
   C. 粮食产量 D. 工业总产值
   E. 经济增长率

9. 总量指标的计量单位有(　　)。
   A. 货币单位 B. 劳动量单位
   C. 自然单位 D. 度量衡单位
   E. 标准实物单位

10. 对全乡所有乡办企业进行调查,其标志总量指标可以是(   )。
    A. 各企业总产值之和　　　　　B. 各企业职工人数总和
    C. 乡办企业总个数　　　　　　D. 各企业固定资产原值之和
    E. 各企业销售总额

三、判断题

1. 总体单位是标志的直接承担者,标志总量可以独立于单位总量而存在。(   )
2. 在一个特定的总体内,只存在一个单位总量,而同时并存多个标志总量,构成一个总量指标体系。(   )
3. 总体单位总量和总体标志总量并不是固定不变的,二者随研究目的不同而变化。(   )
4. 同一总体中时期指标数值的大小与时期长短有关,时点指标数值的大小与时点间隔长短没有直接关系。(   )
5. 某市有商店1 200个,这是总体标志总量指标。(   )
6. 总体标志总量是指总体中各总体单位之和。(   )
7. 职工人数、产值、产量指标反映总体在某一时刻的状况,都是时点指标。(   )
8. 总量指标按其所反映的总体内容不同分为时期指标和时点指标。(   )
9. 总量指标不同于数学中的绝对数,不是一个单纯技术性的加总问题,而是一定社会经济现象的数量表现。(   )
10. 时期指标和时点指标不是固定不变的,它们可以随研究对象的改变而发生变化。(   )

专业运用能力训练

能力训练一

我国进行农业经济普查时常用的指标有:总户数、总人数、土地总面积、耕地总面积、果园面积、粮食总产量、油料作物播种面积、牛奶总产量、烟叶总产量、汽车总数量、农用汽车总数量、人均收入、人均住房面积、农业总产值、农业总收入等。

要求:
(1) 把上述指标按时间属性分为时点指标和时期指标。
(2) 把上述指标按内容属性分为质量指标和数量指标。
(3) 把上述指标分为总量指标、平均指标和相对指标。

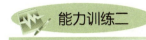

能力训练二

某百货公司三种商品的销售量和销售价格情况的统计数据如表 5.1-1 所示。

表 5.1-1　某百货公司三种商品的销售量和销售价格情况

商品名称	计量单位	销售量		单价/元	
		2016 年	2017 年	2016 年	2017 年
甲	件	1 800	1 300	35.3	43.6
乙	盒	2 400	2 600	15.4	18.5
丙	个	3 500	3 800	8.0	10.0

要求：计算三种商品的销售额总量指标。

专业拓展能力训练

南埜机械集团公司所属各拖拉机厂 11 月拖拉机的生产情况如表 5.1-2 所示。

表 5.1-2　南埜机械集团公司所属各拖拉机厂 11 月拖拉机生产情况

厂 别	类 型	每台马力数	产量/台
第 1 厂	履带式	36	75
	履带式	18	105
	轮式	28	400
第 2 厂	履带式	75	85
	轮式	15	94
	轮式	12	150
第 3 厂	履带式	45	40
	履带式	75	25
	轮式	24	50

要求：请按产品类型和功率(以一台 15 马力拖拉机为标准单位换算)核算有关产量总量指标。

任务二 相对指标分析

学习引导

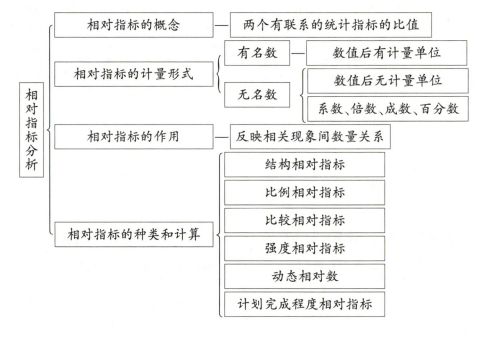

知识认知能力训练

一、单项选择题

1. （　　）是指由两个有联系的统计指标相对比所得的数值,用来反映相关现象之间的数量关系。
   A. 总量指标　　　B. 相对指标　　　C. 平均指标　　　D. 时点指标
2. 将对比基数定为10而计算出来的相对数为(　　)。
   A. 系数　　　　　B. 倍数　　　　　C. 百分数　　　　D. 成数
3. 两个性质不同但有一定联系的总量指标对比的结果为(　　)。
   A. 结构相对指标　　　　　　　　　B. 强度相对指标
   C. 比例相对指标　　　　　　　　　D. 动态相对指标
4. 某银行2017年计划发放贷款115.5亿元,计划完成程度为110%,2017年与2016年相比计划增长 5%，实际发放贷款 2017 年比 2016 年增长（　　）。
A. 15.5%　　　　　B. 15%　　　　　C. 18%　　　　　D. 10%

5. 某企业计划规定本年产值比上年增长 4%，实际增长 6%，则该企业产值计划完成程度为（　　）。
A. 150%　　　　　B. 101.9%　　　　C. 66.7%　　　　D. 无法计算

6. 某厂 2016 年创利 100 万元，2017 年计划增长 10%，实际创利 120 万元，则该企业超额完成计划（　　）。
A. 9.09%　　　　　B. 20%　　　　　C. 110%　　　　D. 120%

7. 下列选项属于比例相对指标的是（　　）。
A. 工人出勤率
B. 净产值占总产值的比重
C. 农业、轻工业、重工业的比例关系
D. 产品合格率

8. 比较相对指标是（　　）。
A. 同类现象在不同空间上对比
B. 同类现象在不同时间上对比
C. 同一现象的部分与总体的对比
D. 有联系的不同现象的相互对比

9. 在出生婴儿中，男性占 53%，女性占 47%，这是（　　）。
A. 比例相对指标
B. 强度相对指标
C. 比较相对指标
D. 结构相对指标

10. 正确计算和应用相对指标的前提条件是（　　）。
A. 正确选择对比基础
B. 严格保持分子、分母的可比性
C. 相对指标应与总量指标结合应用
D. 分子、分母必须同类

二、多项选择题

1. 相对指标的计量形式可以是（　　）。
A. 百分数　　　B. 系数　　　C. 倍数　　　D. 有名数
E. 成数

2. 相对指标中，不同总体之间进行对比的有（　　）。
A. 计划完成相对指标
B. 比例相对指标
C. 比较相对指标
D. 结构相对指标
E. 强度相对指标

3. 强度相对指标（　　）。
A. 可以反映计划完成程度
B. 反映事物的强度、密度、普遍程度
C. 分子分母有的可以互换

D. 分子分母有的不可以互换

E. 有的用名数表示

4. 下列选项属于结构相对指标的有(　　)。

   A. 大专院校招生录取比率

   B. 农业、轻工业、重工业之间的比例

   C. 人均国民收入

   D. 本期平均工资与上期平均工资相对比的百分数

   E. 专业技术人员在总人数中所占比重

5. 下列指标中,分子分母可以互换的有(　　)。

   A. 计划完成相对数　　　　　　　B. 比较相对数

   C. 比例相对数　　　　　　　　　D. 动态相对数

   E. 结构相对数

6. 某高校女生比重2016年为20%,2017年提高到25%,男女生性别比为3∶1。该资料中存在着(　　)。

   A. 总量指标　　　　　　　　　　B. 相对指标

   C. 两个结构相对指标　　　　　　D. 一个比例相对指标

   E. 一个比较相对指标

7. 下列选项属于强度相对指标的有(　　)。

   A. 人口密度　　　　　　　　　　B. 人均国民生产总值

   C. 人口出生率　　　　　　　　　D. 人口自然增长率

   E. 男女性别比例

8. 同一总体内部进行对比的相对指标有(　　)。

   A. 计划完成相对数　　　　　　　B. 结构相对数

   C. 比较相对数　　　　　　　　　D. 动态相对数

   E. 比例相对数

9. 相对指标分子分母指标的可比性主要包括(　　)。

   A. 指标内容是否相适应　　　　　B. 总体范围是否一致

   C. 计算方法是否相同　　　　　　D. 计量单位是否统一

   E. 总体标志是否相似

10. 下列关于相对指标的描述正确的有(　　)。

    A. 强度相对指标是两个性质不同但有一定联系的总量指标之间的对比

    B. 比例相对指标是在对总体分组的基础上,以总体总量作为比较标准,求出各组总量占总体总量的比重,来反映总体内部组成情况的综合指标

    C. 结构相对指标是总体中不同部分数量对比的相对指标

    D. 比较相对指标是不同单位的同类现象数量对比而确定的相对指标

    E. 动态相对数是将同一现象不同时间的两个数值加以对比而确定的相对指标,表明现象随时间发展变化的程度

三、判断题

1. 某企业全部职工的劳动生产率计划在去年的基础上提高10%，计划执行结果仅提高5%，则劳动生产率的任务仅实现一半。（　　）

2. 某年甲、乙两地社会商品零售总额之比为1∶2.5，这是比例相对指标。（　　）

3. 当计划数是以比上期增长或降低百分之几的形式出现时，在计算时不能用实际增长或降低率除以计划增长或降低率，而应包括原有基数100%在内。（　　）

4. 某企业计划规定2018年第一季度某种产品单位原材料消耗比去年同期降低10%，实际降低5%，仅完成计划的一半。（　　）

5. 比例相对指标说明总体内部的比例关系；比较相对指标说明现象发展的不均衡程度。（　　）

6. 强度相对指标是用复名数来表示的，因此都可以计算它的正指标和逆指标。（　　）

7. 计划完成程度相对数大于100%就是超额完成计划。（　　）

8. 当计算强度相对指标的分子、分母的位置互换后，会产生正指标和逆指标，而其他相对指标不存在正、逆指标之分。（　　）

9. 结构相对指标一般采用百分数或成数表示，其分子和分母只能是时期指标，不能是时点指标。（　　）

10. 强度相对指标和其他相对指标根本不同的特点，就在于它不是同类现象指标的对比。（　　）

专业运用能力训练

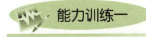

1. 某公司下属三个企业的有关资料如表5.2-1所示。

表5.2-1　某公司下属三个企业的有关资料

企　业	计划额/万元	实际额/万元	计划完成程度/%
甲	280	（　　）	104
乙	360	432	（　　）
丙	（　　）	420	120
合　计	990	（　　）	（　　）

要求：根据上述资料填空。

2. 某公司所属三个工厂近两年净产值完成情况如表 5.2-2 所示。

表 5.2-2　某公司所属三个工厂近两年净产值完成情况

所属工厂	2016 年实际净产值/万元	2017 年					2017 年与 2016 年相比/%
		计划		实际		计划完成程度/%	
		净产值/万元	比重/%	净产值/万元	比重/%		
一工厂	90	100	( )	108	( )	( )	( )
二工厂	130	140	( )	( )	( )	100	( )
三工厂	230	( )	( )	239.5	( )	95	( )
合　计	( )	( )	( )	( )	( )	( )	( )

要求：根据上述资料填空。

能力训练二

某企业 2016 年某产品单位成本 520 元，2017 年计划规定在上年的基础上单位成本降低 5%，实际降低 6%，试确定 2017 年单位成本的计划数和实际数，并计算 2017 年降低成本计划完成程度指标。

能力训练三

某工厂第二季度生产情况如表 5.2-3 所示。

表 5.2-3　某工厂第二季度生产情况

月份	总产值/万元		职工平均人数/人		全员劳动生产率/(元/人)		全员劳动生产率计划完成程度/%
	计划	实际	计划	实际	计划	实际	
4 月	57.2	56.9	970	968	( )	( )	( )
5 月	60.5	61.4	980	984	( )	( )	( )
6 月	62.3	64.1	993	1 005	( )	( )	( )
合　计	( )	( )	( )	( )	( )	( )	( )

要求：根据上述资料填空。

能力训练四

某市 2016—2017 年国内生产总值资料如表 5.2-4 所示。

表 5.2-4　某市 2016—2017 年国内生产总值资料

单位：亿元

指　标	2016 年	2017 年
国内生产总值	36 405	44 470
其中：第一产业	8 157	8 679
第二产业	13 801	17 472
第三产业	14 447	18 319

要求：

（1）计算 2016 年和 2017 年第一产业、第二产业、第三产业的结构相对指标和比例相对指标。

（2）计算该地区国内生产总值、第一产业、第二产业、第三产业增加值的动态相对指标及增长百分数。

能力训练五

甲、乙两市钢产量和人口资料如表 5.2-5 所示。

表 5.2-5　甲、乙两市钢产量和人口资料

指　标	甲　市		乙　市	
	2016 年	2017 年	2016 年	2017 年
钢产量/万吨	3 000	3 300	5 000	5 250
年平均人口数/万人	6 000	6 000	7 143	7 192

要求：通过计算动态相对指标、强度相对指标和比较相对指标来简单分析甲、乙两市钢产量的发展情况。

能力训练六

某地区商业企业零售计划完成情况如表 5.2-6 所示。

表 5.2-6 某地区商业企业零售计划完成情况

按零售计划完成程度分组/%	实际零售额/千元
90~100	570
100~110	4 200
110~120	1 720

要求：计算零售计划平均完成程度。

专业拓展能力训练

某市某"五年计划"规定计划期最末一年甲产品产量应达到 75 万吨，假定每天产量相等，实际生产情况如表 5.2-7 所示。

表 5.2-7 某市五年甲产品实际生产情况

单位：万吨

时间	第一年	第二年	第三年	第四年				第五年			
				第一季	第二季	第三季	第四季	第一季	第二季	第三季	第四季
产量	56	58	62	16	17	18	18	19	19	20	23

要求：计算该市甲产品产量五年计划完成程度和提前完成计划的时间。

任务三 平均指标分析

学习引导

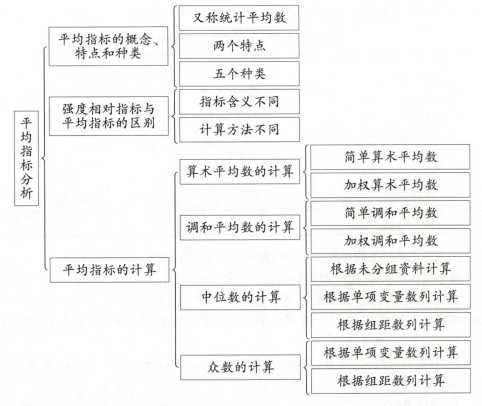

知识认知能力训练

一、单项选择题

1. 平均指标说明( )。
   A. 各类总体某一数量标志在一定历史条件下的一般水平
   B. 社会经济现象在一定历史条件下的一般水平
   C. 大量社会经济现象在一定历史条件下的一般水平
   D. 同质总体内某一数量标志在一定历史条件下的一般水平
2. 某地区 8 月份一等鸭梨每千克 1.8 元,二等鸭梨每千克 1.5 元,10 月份鸭梨销售价格没变,但一等鸭梨销售量增加 8%,二等鸭梨销售量增加 10%,则 10 月份鸭梨的平均销售价格( )。
A. 不变　　　　　B. 提高　　　　　C. 下降　　　　　D. 无法确定
3. 平均指标中最常用的是( )。
A. 算术平均数　　B. 调和平均数　　C. 几何平均数　　D. 位置平均数
4. 已知4个水果商店苹果的单价和销售额,要求计算4个商店苹果的平均单价,应该采用( )。
A. 简单算术平均数　　　　　　　　B. 加权算术平均数
C. 加权调和平均数　　　　　　　　D. 简单调和平均数
5. 现有两组大学生按年龄分配的情况资料如表5.3-1所示。

表5.3-1　两组大学生按年龄分配的情况

年龄/岁	各组大学生数/人	
	第一组	第二组
18以下	2	—
18~20	17	8
20~22	9	12
22~24	—	6
24以上	—	2
合　计	28	28

哪一组大学生平均年龄高?(甲)第一组;(乙)第二组。
哪一组年龄众数高?(丙)第一组;(丁)第二组。( )
A. 甲、丙　　　　B. 甲、丁　　　　C. 乙、丙　　　　D. 乙、丁

6. 某商场在制订男式衬衫进货计划时,需了解已售衬衫的平均尺寸,则应计算( )。
A. 算术平均数　　B. 调和平均数　　C. 中位数　　　　D. 众数

7. 算术平均数的分子是( )。
A. 总体单位数
B. 总体标志总量
C. 有时是总体单位数,有时是总体标志总量
D. 没有严格规定

8. 各组权数都相等时,加权算术平均数变成( )。
A. 动态平均数　　　　　　　　　　B. 调和平均数
C. 简单算术平均数　　　　　　　　D. 几何平均数

9. 算术平均数的基本计算公式是( )。
A. 总体部分总量与总体单位数之比
B. 总体标志总量与另一总体总量之比
C. 总体标志总量与总体单位数之比
D. 总体标志总量与权数系数总量之比

10. 在变量数列中,若标志值较小的组权数较大,则计算出来的平均数(　　)。
    A. 接近于标志值小的一方　　　　B. 接近于标志值大的一方
    C. 接近于平均水平的标志值　　　D. 不受权数的影响

二、多项选择题

1. 下列关于加权算术平均数的说法正确的有(　　)。
   A. 受次数分配值即各组次数占总次数比重的影响
   B. 受变量值大小的影响
   C. 受各组标志值和总体单位数的共同影响
   D. 只受各组标志值大小的影响
   E. 只受权数大小的影响
2. 假定市场上某种商品最多的成交价格为每千克4.60元,则每千克4.60元(　　)。
   A. 可用来代表这种商品的一般价格水平
   B. 是平均指标值
   C. 是中位数
   D. 是众数
   E. 是调和平均数
3. 在各种平均数中,不受极端值影响的平均数有(　　)。
   A. 算术平均数　　　　　　　　　B. 调和平均数
   C. 中位数　　　　　　　　　　　D. 几何平均数
   E. 众数
4. 众数是(　　)。
   A. 位置平均数
   B. 总体中出现次数最多的标志值
   C. 不受极端值的影响
   D. 适用于总体单位数多,有明显集中趋势的情况
   E. 处于变量数列中点位置的那个标志值
5. 平均指标中属于数值平均数的有(　　)。
   A. 算术平均数　　　　　　　　　B. 调和平均数
   C. 几何平均数　　　　　　　　　D. 众数
   E. 中位数

三、判断题

1. 众数是总体中出现最多的次数。(　　)
2. 算术平均数是计算平均指标的最常用方法,它的基本公式形式是总体标志总量除以

总体单位总量。（　　）

3. 中位数和众数都属于平均数,因此它们数值的大小受到总体内各单位标志值大小的影响。（　　）

4. 平均指标与强度相对指标的计算方法相同。（　　）

5. 在分组数列的条件下,当各组标志值出现的次数或各组次数所占比重均相等时,用加权算术平均数计算的结果与用简单算术平均数计算的结果相同。（　　）

6. 在统计工作中,算术平均数常常被作为调和平均数的变形来使用。（　　）

7. 加权算术平均数中的权数一般情况下是资料已经分组得出分配数列的情况下标志值的次数;而加权调和平均数的权数是直接给定的标志总量。（　　）

8. 计算中位数时,由于采用下限公式与上限公式的结果不一致,因此,计算时要根据资料的具体情况进行恰当的选择。（　　）

9. 如果已知各组的变量值和变量值出现的次数,则可采用简单算术平均数方法计算平均数。（　　）

10. 中位数把总体平分为两个部分,总体中有一半单位的标志值小于中位数,一半单位的标志值大于中位数。（　　）

专业运用能力训练

能力训练一

某企业 2016 年、2017 年有关产品产量、成本总额资料如表 5.3-2 所示。

表 5.3-2　某企业 2016 年、2017 年有关产品产量、成本总额资料

产　品	单位成本/(元/件)	2016 年产量/件	2017 年成本总额/元
甲	25	1 500	24 500
乙	28	1 020	28 560
丙	32	980	48 000

要求:分别计算以上产品 2016 年、2017 年的平均单位产品成本。

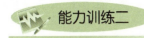 能力训练二

2017 年 6 月份甲、乙两农贸市场蔬菜价格和成交量、成交额资料如表 5.3-3 所示。

表 5.3-3 2017 年 6 月份甲、乙两农贸市场蔬菜价格和成交量、成交额资料

品　种	价格/(元/千克)	甲市场成交额/万元	乙市场成交量/万千克
土　豆	1.2	1.2	2
黄　瓜	1.4	2.8	1
西红柿	1.5	1.5	1
合　计	—	5.5	4

要求：判断哪一个市场农产品的平均价格较高，并说明原因。

 能力训练三

某校会计系学生的体重资料如表 5.3-4 所示。

表 5.3-4 学生体重资料表

按体重分组/千克	学生人数/人
52 以下	28
52～55	39
55～58	68
58～61	53
61 以上	24
合　计	212

要求：根据所给资料计算学生体重的算术平均数、中位数和众数。

能力训练四

某产品三个等级的单价和收购情况资料如表 5.3-5 所示。

表 5.3-5　某产品三个等级的单价和收购情况资料

等　级	单价/(元/千克)	收购量/千克	收购额/元
一级品	1.20	2 000	2 400
二级品	1.05	3 000	3 150
三级品	0.90	4 000	3 600

要求：按以下三种方法计算产品的平均收购价格。
（1）不加权的平均数。
（2）加权算术平均数。
（3）加权调和平均数。

能力训练五

某企业甲、乙两车间生产同种产品产量和成本如表 5.3-6 所示。

表 5.3-6　某企业甲、乙两车间生产同种产品产量和成本

车　间	2016 年		2017 年	
	单位成本/(元/吨)	产量/吨	单位成本/(元/吨)	总成本/万元
甲	300	120	620	9.3
乙	350	180	650	13

要求：分别计算 2016 年和 2017 年甲、乙两车间的平均单位成本，并说明其变动的原因。

能力训练六

某市 2017 年 6 月招收各类职业人员的男女分组情况如表 5.3-7 所示。

表 5.3-7　某市 2017 年 6 月招收各类职业人员的男女分组情况

职　业	男　性		女　性	
	报考人数	录用人数	报考人数	录用人数
技工	350	70	50	20
教师	200	50	150	45
医生	50	3	30	24

要求：根据以上资料分析是男性录用率高还是女性录用率高，并说明原因。

能力训练七

某市 20 个商店 2017 年第四季度的销售情况统计如表 5.3-8 所示。

表 5.3-8　某市 20 个商店 2017 年第四季度的销售情况统计

按商品销售计划 完成情况分组/%	商店数目	实际商品 销售额/万元	流通费用率/%
80～90	3	45.9	14.8
90～100	4	68.4	13.2
100～110	8	34.4	12.0
110～120	5	94.3	11.0

要求：计算该地区 20 个商店平均完成销售计划指标以及总的流通费用率（提示：流通费用率＝流通费用额/实际销售额）。

专业拓展能力训练

某地区水稻收获量分组情况如表 5.3-9 所示。

表 5.3-9　某地区水稻收获量分组情况

水稻收获量/(千克/亩)	耕地面积/亩
150~175	18
175~200	32
200~225	53
225~250	69
250~275	84
275~300	133
300~325	119
325~350	56
350~375	22
375~400	10
400~425	4
合　计	600

要求：
（1）计算中位数及众数。
（2）计算算术平均数。
（3）计算全距、平均差和标准差。
（4）比较算术平均数、中位数、众数的大小，说明本资料分布的偏斜特征。

任务四　标志变异指标分析

学习引导

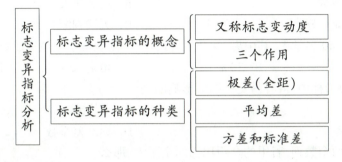

知识认知能力训练

一、单项选择题

1. (　　)又称标志变动度,它综合反映总体各个单位标志值的差异程度或离散程度。
   A. 平均指标　　　　　　　　　　B. 标志变异指标
   C. 相对指标　　　　　　　　　　D. 总量指标

2. 标准差的大小取决于(　　)。
   A. 平均水平的高低　　　　　　　B. 标志值水平的高低
   C. 各标志值与平均水平离差的大小　D. 各组权数的大小

3. 甲数列:50,60,70,80,90,乙数列:68,69,70,71,72,则(　　)。
   A. 甲数列的极差远远大于乙数列
   B. 乙数列的极差远远大于甲数列
   C. 甲数列的极差等于乙数列
   D. 无法比较甲数列、乙数列的极差

4. 方差是数据中各变量值与其算术平均数的(　　)。
   A. 离差绝对值的平均数　　　　　B. 离差平方的平均数
   C. 离差平均数的平方　　　　　　D. 离差平均数的绝对值

5. 计算标准差时,如果从每个变量值中减去任意数 A,计算结果与原标准差相比较会(　　)。
   A. 变大　　　　　　　　　　　　B. 变小
   C. 不变　　　　　　　　　　　　D. 小了一个 A 值

6. 甲、乙两企业平均日产量及方差情况如表 5.4-1 所示。

表 5.4-1　甲、乙两企业平均日产量及方差情况

企业名称	平均日产量/件	日产量方差
甲	3 684	640
乙	4 236	640

则标志变异指标是(　　)。
  A. 甲企业大　　　　　　　　　B. 乙企业大
  C. 两企业一样大　　　　　　　D. 无法判断

7. 已知某班 40 名学生,其中男、女学生各占一半,则该班学生性别成数方差为(　　)。
  A. 25%　　　　B. 30%　　　　C. 40%　　　　D. 50%

8. 离散趋势指标中,最容易受极端值影响的是(　　)。
  A. 极差　　　　　　　　　　　B. 平均差
  C. 标准差　　　　　　　　　　D. 标准差系数

9. 有甲、乙两个数列,若甲的全距比乙的全距大,那么(　　)。
  A. 甲的标准差一定大于乙的标准差
  B. 甲的标准差一定小于乙的标准差
  C. 甲的标准差一定等于乙的标准差
  D. 全距与标准差并不存在上述关系

10. 某企业 2014 年职工平均工资为 5 200 元,标准差为 110 元,2017 年职工平均工资增长了 40%,标准差增大到 150 元。职工平均工资的相对变异(　　)。
  A. 增大　　　　B. 减小　　　　C. 不变　　　　D. 不能比较

二、多项选择题

1. 经常使用的反映离散程度的标志变异指标包括(　　)等。
  A. 全距　　　　B. 平均差　　　　C. 方差　　　　D. 标准差
  E. 标准差系数

2. 不同总体间的标准差不能简单进行对比,是因为(　　)。
  A. 平均数不一致　　　　　　　B. 标准差不一致
  C. 计量单位不一致　　　　　　D. 总体单位数不一致
  E. 与平均数的离差之和不一致

3. 标准差的计算公式有(　　)。
  A. $\sigma = \sqrt{\dfrac{\sum(x-\bar{x})^2}{n}}$　　　　　　B. $\sigma = \dfrac{\sum|x-\bar{x}|}{n}$
  C. $\sigma = \sqrt{\dfrac{\sum(x-\bar{x})^2 \cdot f}{\sum f}}$　　　　　　D. $\sigma = \dfrac{\sum|x-\bar{x}| \cdot f}{n}$

E. $V = \dfrac{\sigma}{\bar{x}} \times 100\%$

4. 标志变异指标(　　)。

　　A. 是衡量平均指标代表性的尺度

　　B. 可用来研究现象发展变化的均衡性与协调性

　　C. 反映现象的集中趋势

　　D. 反映现象的离中趋势

　　E. 既反映集中趋势,又反映离中趋势

5. 下列各组数值可以算出标准差的有(　　)。

　　A. $\dfrac{\sum x^2}{n} = 60$　　$\dfrac{\sum x}{n} = 5$

　　B. $\bar{x} = 5$　　$V_\sigma = 30$

　　C. $\dfrac{\sum(x-x_0)^2}{n} = 40$　　$(\bar{x}-x_0)^2 = 10$

　　D. $\overline{x^2} = 9$　　$\overline{x^2} = 5v$

　　E. $\overline{x^2} = 4$　　$V_\sigma = 15\%$

三、判断题

1. 如果两个数列的极差相同,那么它们的离中程度就相同。(　　)
2. 极差值对极端值反应灵敏。(　　)
3. 平均差和标准差都表示各标志值对算术平均数的平均离差。(　　)
4. 极差值越小表明变量值离散范围越小,离散程度越小,变量值越集中,平均数代表性越大。(　　)
5. 如果资料为组距数列,可以用最高组的上限和最低组的下限之差来近似地表示全距,它比实际的全距小。(　　)
6. 数据组中各个数值大小相当接近时,它们的离差就相对小,数据组的标准差就相对小。(　　)
7. 平均差越小,表明标志变异程度越大;反之,则表明标志变异程度越小。(　　)
8. 平均指标说明分布数列中变量值的集中趋势,而标志变异指标则说明变量值的离中趋势。(　　)
9. 由总体中两个极端数值大小决定的标志变异指标是全距。(　　)
10. 若已知甲数列的标准差小于乙数列,则可断言:甲数列算术平均数的代表性好于乙数列。(　　)

专业运用能力训练

能力训练一

某厂有甲、乙两个工人班组,每班组有 8 名工人,每个班组每个工人的月生产量记录如表 5.4-2 所示。

表 5.4-2 某厂甲、乙班组每个工人的月生产量记录

单位:件

组别	每个工人的月生产量							
甲班组	20	40	60	70	80	100	120	70
乙班组	67	68	69	70	71	72	73	70

要求:
(1) 计算甲、乙两组工人平均每人产量。
(2) 计算全距、平均差、标准差、标准差系数。
(3) 比较甲、乙两组的平均每人产量的代表性。

能力训练二

某地区农民人均年纯收入分组情况如表 5.4-3 所示。

表 5.4-3 某地区农民人均年纯收入分组情况

人均年纯收入/元	农户比重/%
800 以下	8
800 ~ 1 000	17
1 000 ~ 1 200	36
1 200 ~ 1 400	21
1 400 ~ 1 600	11
1 600 以上	7

要求:计算该地区农民人均年纯收入的算术平均数、标准差和标准差系数。

能力训练三

某机械制造厂有甲、乙两个生产小组,甲组平均每个工人的日产量为 36 件,标准差为 9.6 件,乙组工人日产量情况如表 5.4-4 所示。

表 5.4-4　乙生产小组工人日产量情况

日产量/件	工人数/人
10～20	15
20～30	38
30～40	34
40～50	13

要求:
(1) 计算乙组平均每个工人的日产量和标准差。
(2) 比较甲、乙两生产小组的产量差异程度。

能力训练四

某市甲、乙两工厂人数及月工资情况如表 5.4-5 所示。

表 5.4-5　某市甲、乙两工厂人数及月工资情况

月工资/元	甲工厂人数/人	乙工厂人数比重/%
400 以下	4	2
400～600	25	8
600～800	84	30
600～1 000	28	18
1 000 以上	126	42
合　计	267	100

要求:
(1) 比较甲、乙两工厂的单位工资水平。
(2) 说明哪个工厂的工资更具有代表性。

能力训练五

某车间有两个生产小组,每组都是7个工人,工人日产的件数情况如表5.4-6所示。

表5.4-6 某车间两个生产小组工人日产情况

单位:件

组别	工人日产的件数						
第一组	20	40	60	70	80	100	120
第二组	67	68	69	70	71	72	73

这两个组每人平均日产件数都是70件。

要求:分别计算两组工人日产量的变异指标(全距、平均差、标准差),并比较哪一组的平均数代表性大。

能力训练六

某校甲、乙两班同时参加统计学课程的测试,甲班的平均成绩为70分,标准差为9分;乙班的成绩分组情况如表5.4-7所示。

表5.4-7 某校乙班参加统计学课程测试的成绩分组情况

按成绩分组/分	60以下	60~70	70~80	80~90	90~100	合计
学生人数/人	2	6	25	12	5	50

要求:计算乙班学生的平均成绩,并比较甲、乙两班哪个班的平均成绩更有代表性。

专业拓展能力训练

某企业有一种产品需要人工组装,现有三种可供选择的方法,为检验哪种方法更好,随机抽取 15 个工人,让他们分别用三种方法组装,他们在相同的时间内组装的产品数量情况如表 5.4-8 所示。

表 5.4-8　某企业某种产品相同时间内人工组装的产品数量

方法 A	方法 B	方法 C
164	129	125
167	130	126
168	129	126
165	130	127
170	131	126
165	130	128
164	129	127
168	127	126
164	128	127
162	128	127
163	127	125
166	128	126
167	128	116
166	125	126
165	132	125

(1)你准备采用什么方法评价组装方法的优劣?
(2)如果让你选择一种方法,你会做出怎样的选择?试说明理由。

项目六

动态分析技术

任务一 编制动态数列

学习引导

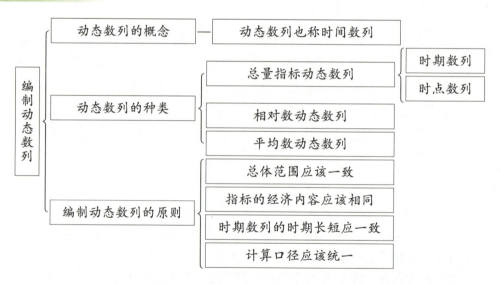

知识认知能力训练

一、单项选择题

1. 动态数列的两个基本要素是( )。
   A. 主词和宾词
   B. 变量和次数
   C. 组的名称和各组单位数

D. 统计指标数值和这些数值所属的时间
2. 动态数列中,每个指标数值可以相加的是( )。
   A. 相对数动态数列
   B. 时期数列
   C. 时点数列
   D. 平均数动态数列
3. 时点数列中的每个指标数值( )。
   A. 通过连续不断登记而得
   B. 每隔一月统计一次而得
   C. 通过一次性登记而得
   D. 通过一定时期登记一次而得
4. 下列选项属于平均数动态数列的是( )。
   A. 某厂第一季度各月平均每个工人生产的产量
   B. 某厂第一季度平均每个职工创造的产值
   C. 某厂上半年各月产量
   D. 某厂上半年职工人均产值
5. 下列选项属于时点数列的是( )。
   A. 历年招生人数数列
   B. 历年增加在校生人数数列
   C. 历年在校生人数数列
   D. 历年毕业生人数数列
6. 最基本的时间数列是( )。
   A. 总量指标动态数列
   B. 相对数动态数列
   C. 平均数动态数列
   D. 时点数列
7. 历年的物资库存额动态数列是( )。
   A. 时期数列
   B. 时点数列
   C. 动态数列
   D. 相对数动态数列
8. 动态数列中的派生数列是( )。
   A. 时期数列和时点数列
   B. 总量指标动态数列和相对数动态数列
   C. 总量指标动态数列和平均数动态数列
   D. 相对数动态数列和平均数动态数列
9. 下列选项属于动态数列的是( )。
   A. 学生按学习成绩分组形成的数列
   B. 工业企业按地区分组形成的数列
   C. 职工按工资水平高低排列形成的数列
   D. 出口额按时间先后顺序排列形成的数列
10. 动态数列中各个指标数值不具有可加性的是( )。
    A. 时点数列
    B. 时期数列
    C. 时期指标
    D. 时期绝对数指标

二、多项选择题

1. 编制动态数列的原则有( )。
   A. 总体范围应该一致
   B. 指标的经济内容应该相同
   C. 时期数列的时期长短应一致
   D. 时期数列和时点数列的间隔力求一致
   E. 计算口径应该统一
2. 动态数列按其排列的指标性质不同,可以分为( )。
   A. 总量指标动态数列   B. 标志变动指标数列
   C. 相对数动态数列   D. 平均数动态数列
   E. 质量标志动态数列
3. 总量指标动态数列可以分为( )。
   A. 动态指标数列   B. 时期数列
   C. 平均指标数列   D. 时点数列
   E. 静态指标数列
4. 下列有关时期数列的说法正确的有( )。
   A. 数列中各个指标数值可以相加
   B. 每个指标数值通过一定时期登记一次而得
   C. 数列中各个指标数值不能相加
   D. 其指标的数值大小与其反映的时期长短成正比
   E. 其指标数值通过连续登记而得
5. 下列有关时点数列的说法正确的有( )。
   A. 数列中各时点指标不能相加
   B. 其指标的数值大小与时点之间间隔长短没有直接关系
   C. 其指标数值通过连续登记而得
   D. 其指标数值通过一次性登记而得
   E. 指标值大小与时期长短有关

三、判断题

1. 时期数列的指标值大小与时期长短无关。( )
2. 通过动态数列有关统计数据的计算、研究,可以对所研究的现象作趋势预测。( )
3. 时期指标与时点指标都是通过连续登记的方式取得统计资料的。( )
4. 将总体系列不同的综合指标排列起来就构成时间数列。( )
5. 编制时点数列时,各项指标的间隔长短必须保持一致。( )

6. 时间数列前后各时间上指标值的对比可以反映现象的发展变化过程及其规律。（   ）

7. 时点数列中各个时点的指标值可以相加。（   ）

8. 时期数列中每个指标值的大小和它所对应时期的长短有直接关系。（   ）

9. 时点数列的指标值大小与时期长短有关。（   ）

10. 按反映的社会经济现象所属的时间不同，总量指标动态数列可分为时期数列和时点数列。（   ）

专业运用能力训练

能力训练一

我国 2019—2023 年服务业增加值及其增长速度的情况如图 6.1-1 所示。

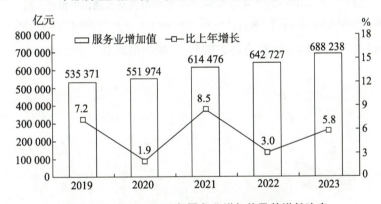

图 6.1-1　2019—2023 年服务业增加值及其增长速度

（资料来源：中国国家统计局网，https：//www.stats.gov.cn/sj/zxfb/202402/t20240228_1947915.html）

要求：请根据上图资料编制有关动态数列，并指出所属数列的类型和特点。

能力训练二

我国 2019—2023 年本专科、中等职业教育及普通高中招生人数的情况如图 6.1-2 所示。

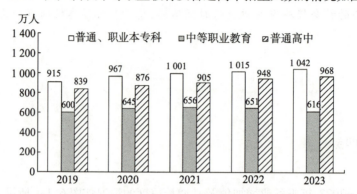

图 6.1-2 2019—2023 年本专科、中等职业教育及普通高中招生人数

（资料来源：中国国家统计局网，https://www.stats.gov.cn/sj/zxfb/202402/t20240228_1947915.html）

要求：请根据上图资料编制有关动态数列，并指出所属数列的类型和特点。

专业拓展能力训练

南江市五里山 908 煤矿 6 月采煤量如表 6.1-1 所示。

表 6.1-1 南江市五里山 908 煤矿 6 月采煤量

单位：吨

日 期	产 量	日 期	产 量	日 期	产 量
1	301	11	308	21	336
2	302	12	319	22	334
3	304	13	320	23	338
4	291	14	323	24	338
5	298	15	296	25	339
6	310	16	290	26	345
7	305	17	328	27	342
8	312	18	330	28	356
9	315	19	334	29	350
10	310	20	333	30	351

要求：

（1）按五日和按旬合并煤产量，编制动态数列。
（2）按五日和按旬计算平均日产量，编制动态数列。
（3）运用移动平均法（时距扩大为 4 天和 5 天）编制动态数列。

任务二 发展水平分析

学习引导

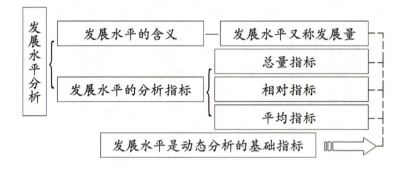

知识认知能力训练

一、单项选择题

1. （　　）是指时间数列中的每一项具体指标数值,反映的是经济现象在不同的时间发展所达到的规模和发展的程度。
   A. 报告期水平　　　　　　　　　　B. 发展水平
   C. 基期水平　　　　　　　　　　　D. 平均发展水平
2. 对时间数列进行动态分析的基础是（　　）。
   A. 发展水平　　　　　　　　　　　B. 发展速度
   C. 平均发展水平　　　　　　　　　D. 增长速度
3. 在动态分析中,我们把要研究时期的指标水平称为（　　）。
   A. 基期水平　　　　　　　　　　　B. 增长水平
   C. 报告期水平　　　　　　　　　　D. 平均增长水平
4. 关于动态数列中的发展水平,下列说法正确的是（　　）。
   A. 只能是总量指标　　　　　　　　B. 只能是相对指标
   C. 只能是平均指标　　　　　　　　D. 上述指标均可以
5. 发展水平,又称（　　）,是计算其他动态分析指标和进行动态分析的基础。
   A. 平均增长量　　B. 发展量　　C. 平均发展量　　D. 增长量

二、多项选择题

1. 时间数列的水平指标具体包括(　　)。
   A. 发展水平　　　　　　　　B. 平均发展水平
   C. 发展速度　　　　　　　　D. 增长量
   E. 增长速度
2. 某地区 2018 年上半年各月总产值情况如表 6.2-1 所示。

表 6.2-1　某地区 2018 年上半年各月总产值情况

月　份	1月	2月	3月	4月	5月	6月
总产值/万元	4 200	4 400	4 600	4 830	4 850	4 900

   下列说法正确的有(　　)。
   A. 1月份的总产值 4 200 万元是最初水平
   B. 6月份的总产值 4 900 万元是最末水平
   C. 3月份的总产值 4 600 万元是中间水平
   D. 2月份的总产值 4 400 万元是中间水平
   E. 如果把3月份的总产值与2月份的总产值进行对比，那么2月份的总产值就是基期水平
3. 发展水平可以用(　　)表示。
   A. 平均指标　　　　　　　　B. 总量指标
   C. 速度指标　　　　　　　　D. 相对指标
   E. 标志变异指标

三、判断题

1. 发展水平是动态分析的基础指标。(　　)
2. 报告期水平与基期水平的划分是固定不变的，一般来说，不会随着研究目的的改变而改变。(　　)
3. 发展水平就是动态数列中的每项具体指标数值，它只能表现为绝对数。(　　)
4. 基期水平一般作为研究时期的指标水平。(　　)
5. 如果用符号 $a_0, a_1, a_2, a_3, \cdots, a_{n-1}, a_n$ 代表数列中各个发展水平，则 a_1 称为最初水平，a_n 称为最末水平。(　　)

专业运用能力训练

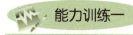
能力训练一

江苏省 2011—2020 年地区生产总值及人均地区生产总值如表 6.2-2 所示。

表 6.2-2　江苏省 2011—2020 年地区生产总值及人均地区生产总值

年　份	2011	2012	2013	2014	2015	2016	2017	2018	2019	2020
地区生产总值/亿元	48 839.21	53 701.92	59 349.41	64 830.51	71 255.93	77 350.85	85 869.76	93 207.55	98 656.82	102 718.98
人均地区生产总值/元	61 464	66 533	72 768	78 711	85 871	92 658	102 202	110 508	116 650	121 231

(资料来源:《江苏统计年鉴 2021》,中国统计出版社,2021 年 11 月)

要求:请指出表 6.2-2 中发展水平指标的种类,并说出最初水平、中间水平和最末水平;如果将 2020 年的地区生产总值与 2019 年的地区生产总值进行对比,请指出其基期水平和报告期水平。

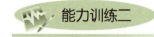
能力训练二

江苏省 2011—2020 年城市自来水的情况如表 6.2-3 所示。

表 6.2-3　江苏省 2011—2020 年城市自来水情况

年　份	2011	2012	2013	2014	2015	2016	2017	2018	2019	2020
综合生产能力/(万吨/日)	2 757.2	2 749.8	2 902.6	2 961.6	3 104.1	3 369.7	3 445.2	3 491.2	3 472.5	3 490.4
全年供水总量/万吨	477 044	492 791	489 286	488 062	506 807	533 098	540 034	560 242	599 976	587 581
人均日生活用水量/升	212.3	215.4	209.8	209.6	210.7	215.4	215.2	214.0	217.1	220.7
城市人口用水普及率/%	99.6	99.7	99.7	99.8	99.8	99.9	100.0	100.0	100.0	100.0

(资料来源:《江苏统计年鉴 2021》,中国统计出版社,2021 年 11 月)

要求：请指出表 6.2-3 中发展水平指标的表示形式，并说出全年供水总量的最初水平、中间水平和最末水平；如果将 2020 年的城市人口用水普及率与 2019 年的城市人口用水普及率进行对比，请指出其基期水平和报告期水平。

专业拓展能力训练

某地区 2008—2017 年社会商品零售额情况资料如表 6.2-4 所示。

表 6.2-4　某地区 2008—2017 年社会商品零售额情况

年　份	2008	2009	2010	2011	2012	2013	2014	2015	2016	2017
商品销售额/万元	263.5	300.7	334.5	387.9	426.2	458.5	487.6	516.8	546.8	586.7
数项符号及含义	a_0	a_1	a_2	a_3	a_4	a_5	a_6	a_7	a_8	a_9

要求：
（1）请指出该动态数列的种类。
（2）请写出表中的数项符号及含义。
（3）假如以 2010 年的数据为基期水平，请指出 2013 年、2016 年、2017 年的数据含义。

任务三 平均发展水平分析

学习引导

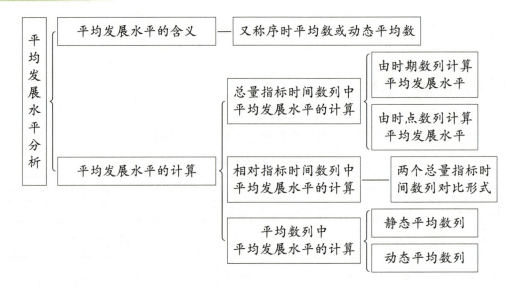

知识认知能力训练

一、单项选择题

1. 对等间隔时点数列计算平均发展水平应采用(　　)。
   A. 简单算术平均法　　　　　　　B. 加权序时平均法
   C. 半数平均法　　　　　　　　　D. 首末折半法

2. 某地区 2012—2017 年各年份 6 月 30 日的人口情况如表 6.3-1 所示。

年　份	2012	2013	2014	2015	2016	2017
6 月 30 日人口数/万人	23	23	24	25	25	26

则该地区 2013—2017 年的年平均人口数为(　　)。

A. $\dfrac{23+23+24+25+25+26}{6}=24.3(万人)$

B. $\dfrac{23+24+25+25+26}{5}=24.6(万人)$

C. $\dfrac{23/2 + 24 + 25 + 25 + 26/2}{5} = 19.7$(万人)

D. $\dfrac{23/2 + 23 + 24 + 25 + 25 + 26/2}{6} = 20.25$(万人)

3. 在时点数列中,称为"间隔"的是(　　)。
   A. 最初水平与最末水平之差
   B. 两个相邻指标在时间上的距离
   C. 最初水平与最末水平之间的时间距离
   D. 两个相邻指标数值之间的距离

4. 由间隔不等的时点数列计算平均发展水平,以(　　)为权数。
   A. 时期长度　　　B. 时点长度　　　C. 间隔长度　　　D. 指标值项数

5. 一般平均数与序时平均数的共同点是(　　)。
   A. 两者都是反映现象的一般水平
   B. 都可消除现象在时间上波动的影响
   C. 都是反映同一总体的一般水平
   D. 共同反映同质总体在不同时间上的一般水平

6. 下列选项属于序时平均数的是(　　)。
   A. 某地区某年人口自然增长率
   B. 某地区某年人口增长量
   C. 某地区"十二五"期间年均人口递增率
   D. 某地区人口死亡率

7. 根据时期数列计算序时平均数应采用(　　)。
   A. 几何平均法　　　　　　　B. 简单算术平均法
   C. 加权算术平均法　　　　　D. 首末折半法

8. 已知某企业4月、5月、6月、7月的平均职工人数分别为:290人、298人、296人和301人。则该企业第二季度的平均职工人数应用(　　)计算。
   A. 首末折半法　　B. 加权平均法　　C. 几何平均法　　D. 简单平均法

9. 由间断时点数列计算其序时平均数,其假定条件是相邻两个时点之间的变动是(　　)。
   A. 连续的　　　　B. 间隔的　　　　C. 均匀的　　　　D. 不变的

10. 某企业某年各月月末库存额(单位:万元)分别为:4.8,4.4,3.6,3.2,3.0,4.0,3.6,3.4,4.2,4.6,5.0,5.6;又知上年末库存额为5.2。则全年平均库存额为(　　)。
    A. 5.2　　　　　B. 4.1　　　　　C. 4.133　　　　D. 5

二、多项选择题

1. 根据时点数列的特点,时点数列可以分为(　　)。
   A. 连续的时点数列

B. 间断的间隔相等的时点数列

C. 连续的间隔相等的时点数列

D. 间断的间隔不等的时点数列

E. 连续的间隔不等的时点数列

2. 将不同时期的发展水平加以平均而得到的平均数叫(   )。

   A. 平均发展水平　　　　　　　　B. 平均发展速度

   C. 序时平均数　　　　　　　　　D. 动态平均数

   E. 静态平均数

3. 下列选项属于序时平均数的有(   )。

   A. 一季度平均每月的职工人数

   B. 某产品产量某年各月的平均增长量

   C. 某企业职工第四季度人均产值

   D. 某商场职工某年月平均人均销售额

   E. 某地区近几年出口商品贸易额平均增长速度

4. 计算平均发展水平可采用的公式有(   )

   A. $\dfrac{\sum a}{n}$

   B. $\dfrac{\frac{1}{2}a_1 + a_2 + a_3 + \cdots + \frac{1}{2}a_n}{n-1}$

   C. $\dfrac{\dfrac{a_1+a_2}{2}f_1 + \dfrac{a_2+a_3}{2}f_2 + \cdots + \dfrac{a_{n-1}+a_n}{2}f_{n-1}}{\sum f}$

   D. $\bar{c} = \dfrac{\bar{a}}{\bar{b}}$

   E. $\sqrt[n]{\dfrac{a_n}{a_0}}$

5. $\bar{c} = \dfrac{\bar{a}}{\bar{b}}$ 是计算(   )的方法。

   A. 时期数列的序时平均数　　　　B. 时点数列的序时平均数

   C. 静态相对数列平均发展水平　　D. 动态相对数列平均发展水平

   E. 动态平均数列平均发展水平

三、判断题

1. 不同种类的时点数列计算序时平均数的方法是不一样的。(   )

2. 由连续的时点数列资料计算序时平均数要假定各指标数值在相邻两个时点之间的变动是均匀的。(   )

3. 相对数和平均数时间数列的序时平均数,可以将不同时间的相对数或平均数相加来计算。(   )

4. 在相对数列中计算序时平均数,一定要判断清楚其分子数列和分母数列的时间属性。(   )

5. 由于连续的时点数列资料是逐日登记并逐日排列的,因此可以用加权算术平均数计算序时平均数。(   )

6. 不论是相对数列还是平均数列,计算序时平均数都是以绝对数列计算序时平均数为基础的。(   )

7. 在动态分析中,利用序时平均数可以消除现象在短期内波动的影响,便于观察现象的发展趋势和规律。(   )

8. 动态平均数列不存在是否连续的问题,故可按时点数列间隔相等或不相等的方法计算序时平均数。(   )

9. 平均发展水平又称序时平均数,它是从静态上说明现象总体在某一时期内发展的一般水平。(   )

10. 静态平均数列的序时平均数的计算与相对数列类似,先求出分子数列的序时平均数和分母数列的序时平均数,再把两者进行对比求出静态平均数列的序时平均数。(   )

专业运用能力训练

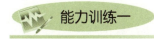
能力训练一

某商店2017年各月末商品库存额情况如表6.3-2所示。

表 6.3-2 某商店2017年各月末商品库存额情况

月　份	1	2	3	4	5	6	8	11	12
库存额/万元	60	55	48	43	40	50	45	60	68

又知1月1日商品库存额为63万元。

要求:计算上半年、下半年和全年的平均商品库存额。

能力训练二

某工业企业 1—4 月总产值与工人数的情况如表 6.3-3 所示。

表 6.3-3　某工业企业 1—4 月总产值与工人数情况

指　　标	一月	二月	三月	四月
工业总产值/万元	180	160	200	190
月初工人数/人	600	580	620	600

要求：
（1）计算一季度月平均劳动生产率。
（2）计算一季度平均劳动生产率。

能力训练三

某市 2017 年零售香烟摊点调查情况如表 6.3-4 所示。

表 6.3-4　某市 2017 年零售香烟摊点调查情况

调查时间	2016 年年末	2017 年			
		3 月 1 日	6 月 1 日	10 月 1 日	12 月 31 日
摊点个数/个	444	488	502	554	512

要求：计算该市零售香烟摊点的月平均数。

专业拓展能力训练

宏力机电公司 6 月份职工人数资料如表 6.3-5 所示。

表 6.3-5　宏力机电公司 6 月份职工人数情况

日　期	每日职工人数/人	持续天数/天
6 月 1 日—6 月 8 日	2 320	
6 月 9 日—6 月 15 日	2 325	
6 月 16 日—6 月 20 日	2 328	
6 月 21 日—6 月 22 日	2 402	
6 月 23 日—6 月 30 日	2 400	
合　计	—	

要求：
（1）指出该动态数列属于哪一种类型。
（2）计算表格中的持续天数。
（3）计算该企业 6 月份平均职工人数。

任务四　增长量和平均增长量分析

 学习引导

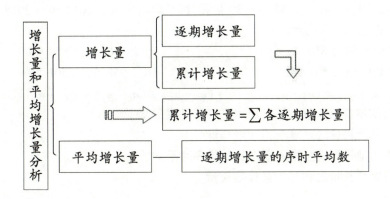

知识认知能力训练

一、单项选择题

1. 动态数列中报告期发展水平与相比较的基期发展水平之差称为(   )。
   A. 平均发展水平　　　　　　　　　B. 序时平均数
   C. 平均增减量　　　　　　　　　　D. 增长量

2. 累计增长量等于(   )。
   A. 报告期水平与基期水平之差
   B. 报告期水平与前一期水平之差
   C. 报告期水平与某一固定基期水平之差
   D. 逐期增长量之差

3. 逐期增长量 = (   )。
   A. 报告期发展水平 – 基期发展水平　　　B. 报告期发展水平 – 前期发展水平
   C. 报告期发展水平 – 固定基期水平　　　D. 报告期发展水平 – 最初基期水平

4. 某商场5年的销售收入如下:200万元、220万元、250万元、300万元、320万元。则平均增长量为(   )。
   A. $\dfrac{120}{5}$　　　　B. $\dfrac{120}{5}$　　　　C. $\sqrt[5]{\dfrac{320}{200}}$　　　　D. $\sqrt[4]{\dfrac{320}{200}}$

5. 平均增长量一般用(   )计算。
   A. 简单调和平均法　　　　　　　　B. 加权算术平均法
   C. 加权调和平均法　　　　　　　　D. 简单算术平均法

6. 东林制药厂2013—2017年的利润(万元)为:922,1 086,1 655,1 982和2 389,则该企业2017年与2015年相比累计增长量为(   )万元。
   A. 1 467　　　　B. 407　　　　C. 734　　　　D. 733

7. 江苏省2011—2020年批发和零售业的社会消费品零售总额(亿元)分别为：14 724.60、16 927.08、19 256.02、21 879.40、24 168.35、26 715.96、29 584.58、31 812.29、34 662.72、34 313.39亿元,则平均增长量和2019年与2018年相比逐期增长量为(   )亿元。
   A. 1 958.88,2 850.43　　　　　　B. 2 176.53,2 850.43
   C. 2 176.53,2 501.10　　　　　　D. 1 958.88,2 501.10

8. 公式$(a_n - a_0) = (a_n - a_{n-1}) + \cdots + (a_3 - a_2) + (a_2 - a_1) + (a_1 - a_0)$表示(   )。
   A. 逐期增长量 = 报告期发展水平 – 前期发展水平
   B. 逐期增长量之差等于累计增长量
   C. 平均增长量就是指逐期增长量的序时平均数
   D. 逐期增长量之和等于累计增长量

9. 逐期增长量 $= a_i - a_{i-1}(i = 0,1,2,\cdots,n)$ 表示(　　)。
   A. 现象逐期增减的数量
   B. 现象累计增减的数量
   C. 现象在一段时期内总的增减量
   D. 现象在一段时期内平均每期增减的数量
10. 平均增长量是指时间数列中各逐期增长量的(　　),说明某社会经济现象在一段时期内平均每期增加或减少的数量。
    A. 加权平均数　　　　　　　　　B. 简单调和平均数
    C. 序时平均数　　　　　　　　　D. 加权调和平均数

二、多项选择题

1. 平均增长量是(　　)。
   A. 各逐期增长量的序时平均数
   B. 各累计增长量的序时平均数
   C. 逐期增长量之和除以逐期增长量的项数
   D. 累计增长量之和除以累计增长量的项数
   E. 累计增长量之和除以逐期增长量的项数
2. 累计增长量与逐期增长量(　　)。
   A. 前者基期水平不变,后者基期水平总在变动
   B. 两者存在关系式:逐期增长量之和 = 累计增长量
   C. 相邻的两个逐期增长量之差等于相应的累计增长量
   D. 根据这两个增长量都可以计算较长时期内的平均每期增长量
   E. 这两个增长量都属于速度分析指标
3. 根据对比的基期不同,可将增长量分为(　　)。
   A. 期初增长量　　　　　　　　　B. 累计增长量
   C. 期末增长量　　　　　　　　　D. 逐期增长量
   E. 平均增长量
4. 江苏省 2011—2020 年规模以上工业企业的工业总产值(亿元)分别为:22 313.47,23 942.24,25 564.39,27 154.52,28 802.63,30 291.36,33 782.61,36 113.22,37 225.68,37 744.85,则下列说法正确的有(　　)。
   A. 2020 年与 2019 年相比逐期增长量为 519.17 亿元
   B. 平均增长量为 15 431.38 亿元
   C. 固定 2016 年为基期,则 2016—2020 年平均增长量为 1 490.70 亿元
   D. 平均增长量为 1 543.14 亿元
   E. 固定 2013 年为基期,则 2015 年与 2014 年相比逐期增长量为 1 648.11 亿元
5. 累计增长量 $= a_i - a_0(i = 0,1,2,\cdots,n)$ 表示(　　)。
   A. 现象在一段时期内总的增减量

B. 报告期水平与某一固定基期水平之差

C. 逐期增长量 = 报告期发展水平 – 前期发展水平

D. 累计增长量 = 报告期水平 – 固定基期水平

E. 报告期水平与其前期水平之差

三、判断题

1. 增长量指标反映社会经济现象报告期比基期增加(或减少)的绝对量。(   )
2. 相邻两个时期的累计增长量之差,等于相应时期的逐期增长量。(   )
3. 累计增长量等于逐期增长量之和。(   )
4. 平均增长量不是序时平均数,而属于静态平均数的范畴,因为它是用简单算术平均法计算求得的。(   )
5. 当发展水平增长时,增长量指标就为正值;当发展水平下降时,增长量指标就为负值。(   )
6. 连续12个月逐期增长量之和等于年距增长量。(   )
7. 累计增长量除以时间数列的项数等于平均增长量。(   )
8. 平均增长量就是指累计增长量的序时平均数。(   )
9. 平均增长量在不同时间上不具有可加性。(   )
10. 逐期增长量表示现象在一段时期内总的增减量。(   )

专业运用能力训练

能力训练一

某地区历年粮食产量情况如表6.4-1所示。

表6.4-1　某地区历年粮食产量情况

年　份	2013	2014	2015	2016	2017
粮食产量/吨	134	435	415	672	1 028

要求:计算逐期增长量、累计增长量、平均增长量。

能力训练二

某地区 2012—2017 年社会消费品零售总额如表 6.4-2 所示。

表 6.4-2　某地区 2012—2017 年社会消费品零售总额

年　份	2012	2013	2014	2015	2016	2017
社会消费品零售总额/亿元	8 255	9 383	10 985	12 238	16 059	19 710

要求：计算逐期增长量、累计增长量、平均增长量。

能力训练三

某市 2012—2017 年国民收入情况如表 6.4-3 所示。

表 6.4-3　某市 2012—2017 年国民收入情况

年　份	2012	2013	2014	2015	2016	2017
国民收入/亿元	100					
逐期增长量/亿元	—	20				
累计增长量/亿元	—	—	40			

要求：填写表 6.4-3 中的空格（有"—"的空格不填）。

专业拓展能力训练

某企业 2010—2017 年工业总产值资料如表 6.4-4 所示。

表 6.4-4　某企业 2010—2017 年工业总产值

年　份	2010	2011	2012	2013	2014	2015	2016	2017
工业总产值/万元	550	620	677	732	757	779	819	910

要求：
(1) 指出该动态数列属于哪一种类型。
(2) 利用 Excel 公式计算各年的逐期增长量和累计增长量、2010—2017 年平均增长量。

任务五 发展速度分析

学习引导

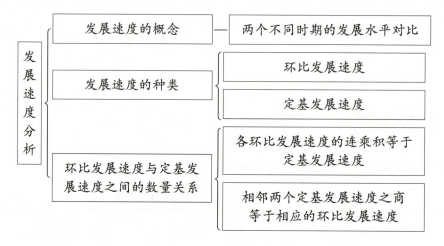

知识认知能力训练

一、单项选择题

1. (　　)是反映社会经济现象发展变化快慢程度的动态相对指标。
   A. 增长速度　　　B. 平均速度　　　C. 发展速度　　　D. 发展水平
2. 定基发展速度等于相应各个环比发展速度的(　　)。
   A. 连乘积　　　B. 总和　　　C. 对比值　　　D. 相减
3. (　　)是时间数列中报告期发展水平与前期发展水平之比。
   A. 定基发展速度　　　　　　　B. 环比发展速度
   C. 平均速度　　　　　　　　　D. 增长速度
4. 根据采用的对比基期不同,发展速度分为(　　)。
   A. 环比发展速度与定基发展速度
   B. 环比发展速度与累积发展速度
   C. 逐期发展速度与累积发展速度
   D. 累积发展速度与定基发展速度
5. (　　)是时间数列中报告期发展水平与固定基期发展水平对比所得到的相对数。
   A. 增长速度　　　　　　　　　B. 环比发展速度

C. 定基发展速度　　　　　　　　　　D. 平均速度
6. 说明现象在较长时期内发展的总速度的指标是(　　)。
  A. 环比发展速度　　　　　　　　　　B. 平均发展速度
  C. 定基增长速度　　　　　　　　　　D. 定基发展速度
7. 已知某地粮食产量的环比发展速度 2014 年为 103.5%，2015 年为 104%，2017 年为 105%，2017 年对于 2015 年的定基发展速度为 116.4%，则 2016 年的环比发展速度为(　　)。
  A. 103%　　　B. 101%　　　C. 104.5%　　　D. 113%
8. 计算发展速度的分母是(　　)。
  A. 报告期水平　　B. 基期水平　　C. 实际水平　　D. 计划水平
9. 由一个 9 项的时间数列可以计算的环比发展速度有(　　)。
  A. 8 个　　　B. 9 个　　　C. 10 个　　　D. 7 个
10. 发展速度属于(　　)。
  A. 比例相对数　　B. 比较相对数　　C. 动态相对数　　D. 强度相对数

二、多项选择题

1. 水平指标与速度指标之间的关系是(　　)。
  A. 发展速度 = 报告期水平 ÷ 基期水平
  B. 增长速度 = 增长量 ÷ 报告期水平
  C. 增长量 = 报告期水平 − 基期水平
  D. 增长速度 = 发展速度 − 1
  E. 发展速度 = 报告期水平 − 基期水平
2. 定基发展速度与环比发展速度的关系是(　　)。
  A. 两者都属于速度指标
  B. 环比发展速度的连乘积等于定基发展速度
  C. 定基发展速度的连乘积等于定基发展速度
  D. 相邻两个定基发展速度之商等于相应的环比发展速度
  E. 相邻两个环比发展速度之商等于相应的定基发展速度
3. 发展速度根据对比的基期不同，可分为(　　)。
  A. 环比发展速度　　　　　　　　　　B. 平均发展速度
  C. 定基增长速度　　　　　　　　　　D. 环比增长速度
  E. 定基发展速度
4. 设有时间数列：$a_0, a_1, a_2, \cdots, a_{n-1}, a_n$，则(　　)。
  A. 定基发展速度 = $\dfrac{\text{报告期发展水平}}{\text{固定基期水平}} \times 100\%$
  B. $\dfrac{a_1}{a_0} \times \dfrac{a_2}{a_1} \times \cdots \times \dfrac{a_n}{a_{n-1}} = \dfrac{a_n}{a_0}$

C. 环比发展速度 = $\dfrac{报告期发展水平}{报告期前一期发展水平} \times 100\%$

D. $(a_n + a_0) = (a_n - a_{n-1}) + \cdots + (a_3 - a_2) + (a_2 - a_1) + (a_1 - a_0)$

E. $\dfrac{a_i}{a_0} \div \dfrac{a_{i-1}}{a_0} = \dfrac{a_i}{a_{i-1}} (i = 0,1,2,\cdots,n)$

5. 已知某地区 2014—2017 年的工业产值(亿元)分别为:2,5,8,6,则(　　)。
   A. 2015 年的环比发展速度为 250.00%
   B. 2017 年的定基发展速度为 300.00%
   C. 2014 年的环比发展速度为 100.00%
   D. 2016 年的定基发展速度为 400.00%
   E. 2017 年的环比发展速度为 160.00%

三、判断题

1. 环比发展速度说明某种社会经济现象的逐期发展方向和速度。(　　)
2. 已知 2014 年某县粮食产量的环比发展速度为 103.5%,2015 年为 104%,2017 年为 105%;2017 年的定基发展速度为 116.4%,则 2016 年的环比发展速度为 104.5%。(　　)
3. 环比发展速度的连乘积等于定基发展速度,而相邻两个定基发展速度之和等于环比发展速度。(　　)
4. 发展速度的计算结果一般用倍数或百分数表示。(　　)
5. 环比发展速度说明某种社会经济现象在较长时期内总的发展方向和速度,所以也叫总速度。(　　)
6. 相邻两个定基发展速度之商等于相应的环比发展速度。(　　)
7. 定基发展速度等于相应的各个环比增长速度的连乘积。(　　)
8. 环比发展速度说明报告期的水平是固定基期水平的多少倍或百分之多少。(　　)
9. 发展速度可以为负值。(　　)
10. 定基发展速度说明报告期水平是上一期水平的多少倍或百分之多少。(　　)

专业运用能力训练

某地区 2012—2017 年国内生产总值如表 6.5-1 所示。

表 6.5-1　某地区 2012—2017 年国内生产总值

年　份	2012	2013	2014	2015	2016	2017
国内生产总值/万元	100	120	140	147	160	184

要求:
(1) 计算各年逐期增长量、累计增长量和全期平均增长量。
(2) 计算各年环比发展速度、定基发展速度。

 能力训练二

江苏省 2010—2020 年第三产业从业人数情况如表 6.5-2 所示。

表 6.5-2　江苏省 2010—2020 年第三产业从业人数

年　份	2010 a_0	2011 a_1	2012 a_2	2013 a_3	2014 a_4	2015 a_5	2016 a_6	2017 a_7	2018 a_8	2019 a_9	2020 a_{10}
第三产业从业人数/万人	1 696.16	1 738.22	1 779.41	1 820.92	1 877.00	1 952.33	2 007.99	2 090.43	2 155.12	2 235.86	2 275.25

(资料来源:江苏省统计局网,http://tj.jiangsu.gov.cn/)

要求:利用 Excel 进行操作,计算逐期增长量、累计增长量、定基发展速度、环比发展速度。

能力训练三

全国 2018—2023 年客运量情况如表 6.5-3 所示。

表 6.5-3　全国 2018—2023 年客运量情况

年　份	2018	2019	2020	2021	2022	2023
旅客运输量/万人	1 793 820.33	1 760 435.71	966 539.71	830 256.61	558 737.63	930 441.61
铁路客运量/万人	337 494.67	366 002.26	220 349.90	261 170.56	167 296.31	385 449.59
公路客运量/万人	1 367 170.39	1 301 172.91	689 425.00	508 693.25	354 642.80	457 263.64
水运客运量/万人	27 981.49	27 267.12	14 987.00	16 337.06	11 627.48	25 770.74
民用航空客运量/万人	61 173.77	65 993.42	41 777.82	44 055.74	25 171.04	61 957.64

要求：利用 Excel 进行操作，分别计算旅客运输量、铁路客运量、公路客运量、水运客运量和民用航空客运量的逐期增长量、累计增长量、定基发展速度、环比发展速度。

专业拓展能力训练

中国国内生产总值 2017—2023 年的情况如图 6.5-1 所示。

图 6.5-1　2017—2023 年中国国内生产总值

（资料来源：中国国家统计局网，https：//data.stats.gov.cn/easyquery.htm？cn＝C01）

要求:

(1) 根据图 6.5-1 资料,填写表 6.5-4 中各年的国内生产总值。

表 6.5-4 2017—2023 年中国国内生产总值情况分析表

年　份	2017	2018	2019	2020	2021	2022	2023
国内生产总值/亿元							
逐期增长量/亿元							
累计增长量/亿元							
环比发展速度/%							
定基发展速度/%							
环比增长速度/%							
定基增长速度/%							
增长 1% 的绝对值/亿元							

(2) 指出该动态数列属于哪一种类型。

(3) 利用 Excel 公式计算表格内的有关栏目数据。

(注:增长 1% 的绝对值是指逐期增长量与环比增长速度之比,也可以用 100 去除前一期发展水平即得。)

任务六　增长速度分析

学习引导

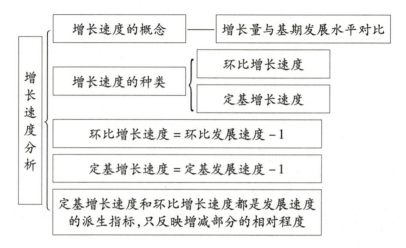

知识认知能力训练

一、单项选择题

1. 增长速度是(　　)。
   A. 动态数列水平之差
   B. 动态数列水平之比
   C. 增长量同发展速度之比
   D. 增长量同作为比较基准的数列水平之比
2. 定基增长速度与环比增长速度的关系表现为(　　)。
   A. 定基增长速度等于各环比增长速度的连乘积
   B. 定基增长速度等于各环比增长速度的连乘积的 n 次方根
   C. 各环比增长速度连乘积加 1 等于定基增长速度加 1
   D. 定基增长速度等于各环比增长速度加 1 后的连乘积减 1
3. 发展速度与增长速度的关系是(　　)。
   A. 定基发展速度等于环比增长速度加 1
   B. 环比增长速度等于环比发展速度减 1
   C. 定基增长速度的连乘积等于定基发展速度
   D. 环比增长速度的连乘积等于环比发展速度

4. 某市支行的贷款余额 2014 年比 2013 年增长 5%，2015 年比 2014 年增长 8%，2017 年比 2015 年增长 10%，则四年来共增长（　　）。
   A. 11.34%　　　　　B. 23%　　　　　C. 24.74%　　　　　D. 40%
5. 已知环比增长速度为 9.2%，8.6%，7.1%，7.5%，则定基增长速度为（　　）。
   A. 9.2% ×8.6% ×7.1% ×7.5%
   B. （9.2% ×8.6% ×7.1% ×7.5%）−100%
   C. 109.2% ×108.6% ×107.1% ×107.5%
   D. （109.2% ×108.6% ×107.1% ×107.5%）−100%
6. 某企业生产某种产品，其产量年年增加 6 万吨，则该产品产量的环比增长速度（　　）。
   A. 年年下降　　　B. 年年增长　　　C. 年年保持不变　　　D. 无法下结论
7. 中国国家统计局 2022 年 2 月 28 日公告，初步核算，2021 年我国国内生产总值 1 143 670 亿元，比上年增长 8.1%，两年平均增长 5.1%。"两年平均增长"这个指标是一个（　　）。
   A. 环比发展速度　　　　　　　　B. 环比增长速度
   C. 定基发展速度　　　　　　　　D. 定基增长速度
8. 某地国内生产总值 2017 年比 2012 年增长 53.5%，2016 年比 2012 年增长 40.2%，则 2017 年比 2016 年增长（　　）。
   A. 9.5%　　　　　B. 13.3%　　　　　C. 33.08%　　　　　D. 无法确定
9. 某地区粮食增长量 2007—2012 年为 12 万吨，2013—2017 年也为 12 万吨。那么，2016—2017 年期间，该地区粮食环比增长速度为（　　）。
   A. 逐年上升　　　B. 逐年下降　　　C. 保持不变　　　D. 不能做结论
10. 反映现象逐期增减程度的指标是（　　）。
    A. 定基增长速度　　　　　　　　B. 平均增长速度
    C. 平均增长量　　　　　　　　　D. 环比增长速度

二、多项选择题

1. 下列计算增长速度的公式正确的有（　　）。
   A. 增长速度 = $\dfrac{增长量}{基期水平} \times 100\%$
   B. 增长速度 = $\dfrac{增长量}{报告期水平} \times 100\%$
   C. 增长速度 = 发展速度 −100%
   D. 增长速度 = $\dfrac{报告期水平 - 基期水平}{基期水平} \times 100\%$
   E. 增长速度 = $\dfrac{报告期水平}{基期水平} \times 100\%$
2. 增长速度和发展速度的关系为（　　）。
   A. 仅差一个基数

B. 发展速度＝增长速度＋1
C. 定基增长速度＝各环比增长速度的连乘积
D. 定基发展速度＝定基增长速度＋1
E. 定基增长速度＝各环比发展速度的连乘积－1

3. 定基增长速度等于(　　)。
   A. 累计增长量除以基期发展水平
   B. 定基发展速度减去1
   C. 总速度减去1
   D. 环比增长速度的连乘积
   E. 逐期增长量除以前期发展水平

4. 环比增长速度等于(　　)。
   A. 累计增长量除以基期发展水平
   B. 环比发展速度减去1
   C. 定基发展速度减去1
   D. 环比增长速度的连乘积
   E. 逐期增长量除以前期发展水平

5. 下列有关增长速度的计算正确的有(　　)。
   A. 增长速度 ＝ $\dfrac{增长量}{基期发展水平}$
   B. 增长速度 ＝ $\dfrac{报告期水平－基期水平}{基期水平}$
   C. 定基增长速度 ＝ $\prod$(各环比增长速度＋1)－1
   D. 环比增长速度＝环比发展速度－1
   E. 定基增长速度＝定基发展速度－1

三、判断题

1. 增长速度的计算方法为报告期水平除以基期水平。(　　)
2. 只有增长速度大于100%才能说明事物的变动是增长的。(　　)
3. 环比增长速度的连乘积等于定基增长速度。(　　)
4. 年距发展速度＝年距增长速度＋1　(　　)
5. 若时间数列的各逐期增长量相等,则各期环比增长速度有升有降。(　　)
6. 已知时间数列连续5期的环比增长速度为3%,2%,4%,6%和7%,则5期的定基增长速度为103%×102%×104%×106%×107%－1。(　　)
7. 定基发展速度等于相应各个环比发展速度的连乘积,所以定基增长速度也等于相应各个环比增长速度的连乘积。(　　)
8. 如果要由环比增长速度计算定基增长速度,必须将环比增长速度加1再连乘,然后将所得结果减1才能得到。(　　)

9. 增长速度用以说明报告期水平比基期水平增加了多少倍(或百分之几)。(　　)

10. 环比增长速度是累计增长量与某一固定时期的发展水平之比,表明现象在较长时期内总的增减程度。(　　)

专业运用能力训练

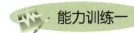
能力训练一

海马电器公司2013—2017年的销售收入情况如表6.6-1所示。

表6.6-1　海马电器公司2013—2017年的销售收入

年　份	2013	2014	2015	2016	2017
销售收入/万元	65	615	836	1 322	1 669

要求:计算该企业2014—2017年销售收入的发展速度和增长速度。

能力训练二

某地区2008—2017年的棉花产量如表6.6-2所示。

表6.6-2　某地区2008—2017年的棉花产量

年　份	2008	2009	2010	2011	2012	2013	2014	2015	2016	2017
棉花产量/万吨	392	403	394	408	446	435	443	453	460	466

要求:请根据上表资料,利用Microsoft Excel进行操作,计算2008—2017年期间棉花产量的下列指标:

(1) 逐期增长量与累计增长量。

(2) 环比发展速度与定基发展速度。

(3) 环比增长速度与定基增长速度。

(4) 平均增长量。

专业拓展能力训练

华凌钢铁公司 2013—2017 年产量情况如表 6.6-3 所示。

表 6.6-3　华凌钢铁公司 2013—2017 年产量情况

年　份		2013	2014	2015	2016	2017
产量/万吨						570
与上年相比	增长量/万吨		—	32		
	发展速度/%				105.9	
	增长速度/%		—			5
	增长1%的绝对值/万吨		—	4.59		
平均增长速度/%						

要求：
(1) 指出该动态数列属于哪一种类型。
(2) 请根据指标间的关系，利用 Excel 公式计算表 6.6-3 中所缺数据。

任务七　平均发展速度和平均增长速度分析

学习引导

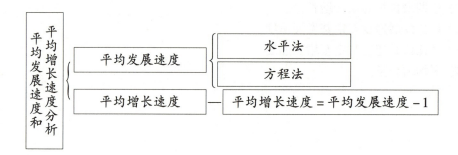

知识认知能力训练

一、单项选择题

1. 已知某企业前4年的平均增长速度为10%,后6年的平均增长速度为9%,计算这10年的平均增长速度应采用的方法是(　　)。

   A. $\sqrt[10]{0.1 \times 0.09}$ 　　　　　　　　　　B. $\sqrt[10]{1.1 \times 1.09} - 1$

   C. $\sqrt[10]{(0.1)^4 \times (0.09)^6}$ 　　　　　　D. $\sqrt[10]{(1.1)^4 \times (1.09)^6} - 1$

2. 已知环比增长速度求定基增长速度的方法是(　　)。

   A. 各环比增长速度相乘

   B. 各环比增长速度相加

   C. 各环比增长速度相除

   D. 各环比增长速度还原为环比发展速度连乘后减去1

3. 我国城镇就业人员数量2021年为46 773万人,2015年为40 916万人,则2015—2021年之间每年平均增长速度为(　　)。

   A. 1.93%　　　　B. 102.25%　　　　C. 101.93%　　　　D. 2.25%

4. 已知一个时间数列的环比增长速度为5%,2%,3%,则该时间数列的平均增长速度为(　　)。

   A. 3.33%　　　　B. 3.11%　　　　C. 2.11%　　　　D. 96.66%

5. 已知环比增长速度为8.12%,6.42%,5.91%,5.13%,则定基增长速度为(　　)。

   A. 8.12% ×6.42% ×5.91% ×5.13%

   B. 8.12% ×6.42% ×5.91% ×5.13% −100%

   C. 1.081 2×1.064 2×1.059 1×1.051 3

   D. 1.081 2×1.064 2×1.059 1×1.051 3 −100%

6. 某校学生人数逐年增加,2008年比2007年增长8%,2009年比2008年增长7%,2017年比2009年增长56%,则年平均增长速度为(　　)。

   A. $\sqrt[3]{0.08 \times 0.07 \times 0.56} - 1$ 　　　　　　B. $\sqrt[10]{1.08 \times 1.07 \times 1.56} - 1$

   C. $\sqrt[3]{1.08 \times 1.07 \times 1.56} - 1$ 　　　　　　D. $\sqrt[10]{1.08 \times 1.07 \times 1.56^8} - 1$

7. 增长量同作为比较基准的数列水平之比,就是(　　)。

   A. 总速度　　　　　　　　　　　　　　B. 平均速度

   C. 发展速度　　　　　　　　　　　　　D. 增长速度

8. 增长速度的计算公式为(　　)。

   A. 增长速度 = $\dfrac{增长量}{基期水平}$ 　　　　　　B. 增长速度 = $\dfrac{增长量}{期初水平}$

   C. 增长速度 = $\dfrac{增长量}{报告期水平}$ 　　　　D. 增长速度 = $\dfrac{增长量}{期末水平}$

9. 如果逐期增长量相等,那么环比增长速度(　　)。
   A. 逐期下降　　　　　　　　　　B. 逐期增加
   C. 保持不变　　　　　　　　　　D. 无法做结论
10. 以 2006 年为基期,2017 年为报告期,计算某现象的平均发展速度应开(　　)次方。
    A. 9　　　　　B. 10　　　　　C. 11　　　　　D. 12

二、多项选择题

1. 按水平法计算的平均发展速度是(　　)。
   A. 各环比发展速度的序时平均数　　B. 各环比发展速度的算术平均数
   C. 各环比发展速度的几何平均数　　D. 各环比发展速度的调和平均数
   E. 各环比发展速度的加权平均数
2. 下列等式正确的有(　　)。
   A. 增长速度 = 发展速度 − 1　　　　B. 定基发展速度 = 环比增长速度 + 1
   C. 平均发展速度 = 平均增长速度 − 1　D. 平均发展速度 = 平均增长速度 + 1
   E. 定基发展速度 = 定基增长速度 + 1
3. 用水平法计算平均发展速度(　　)。
   A. 侧重考察现象最末一期的发展水平
   B. 侧重考察现象各个时期的发展水平
   C. 可以反映中间水平的发展变化
   D. 不能反映中间水平的发展变化
   E. 以上都不正确
4. 平均发展速度的计算方法有(　　)。
   A. 简单算术平均法　　　　　　　　B. 加权算术平均法
   C. 调和平均法　　　　　　　　　　D. 几何平均法
   E. 方程法
5. 计算和应用平均速度指标应注意(　　)。
   A. 用分段平均速度补充总平均速度　B. 结合每增长 1% 的绝对值进行分析
   C. 结合基期水平进行分析　　　　　D. 结合环比发展速度进行分析
   E. 正确选择报告期水平

三、判断题

1. 增长 1% 的绝对值可以用增长量除以增长速度求得,也可以用基期水平除以 100 求得。(　　)
2. 若平均发展速度大于100%,则环比发展速度也大于100%。(　　)

3. 水平法又称几何平均法,是平均发展速度的一种计算方法,它是利用各期的环比发展速度连乘积再开相应的方根而得。( )
4. 平均增长速度的计算方法通常有两种:水平法与方程法。( )
5. 某公司连续四个季度销售收入增长率分别为9%,12%,20%和18%,则环比增长速度为0.14%。( )
6. 平均增长速度＝平均发展速度+1。( )
7. 平均发展速度是指时间数列中各期环比发展速度的序时平均数。( )
8. 平均增长速度可以根据各期环比增长速度直接计算。( )
9. 计算固定资产投资额的年平均发展速度应采用几何平均法。( )
10. 平均增长速度为正值叫递增率,平均增长速度为负值叫递减率。( )

专业运用能力训练

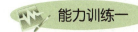
能力训练一

某工厂工业总产值2017年比2016年增长8%,2016年比2015年增长9%,2015年比2014年增长8.5%,2014年比2013年增长10%。

要求:
(1) 计算该工厂工业总产值2017年比2013年增长的百分比。
(2) 计算该工厂2014年至2017年工业总产值的平均增长速度(以2013年为基期)。

能力训练二

某机械厂2017年的产值为500万元,规划十年内产值翻一番,试计算:
(1) 从2018年起,每年要保持怎样的平均增长速度,产值才能在十年内翻一番?
(2) 若2017—2019年两年的平均发展速度为105%,那么,后8年应有怎样的速度才能做到十年翻一番?
(3) 若要求提前两年达到产值翻一番,则每年应有怎样的平均发展速度?

能力训练三

某地区 2014 年末人口数为 2 000 万人,假定以后每年以 9‰ 的速度增长,又知该地区 2016 年 GDP 为 1 240 亿元。要求到 2019 年人均 GDP 达到 9 500 元,试问该地区 2019 年的 GDP 应达到多少?2016 年到 2018 年 GDP 的年均增长速度应达到多少?

能力训练四

某油田原油产量环比增长速度如表 6.7-1 所示。

表 6.7-1 某油田原油产量环比增长速度

年 份	2013	2014	2015	2016	2017
环比增长速度/%	7.8	9.5	7.4	8.0	10.6

又知:2012 年原油产量为 2 000 万吨。

要求:

(1) 计算 2013—2017 年期间原油的年平均增长速度。

(2) 根据 2013—2017 年期间的年平均增长速度计算 2022 年的原油产量。

能力训练五

甲、乙两地区某种产品历年产量资料如表 6.7-2 所示。

表 6.7-2　甲、乙两地区某种产品历年产量

单位：吨

年　份	2013	2014	2015	2016	2017
甲地区	45	52	64	72	88
乙地区	400	426	458	488	500

试计算：

（1）两地区的平均发展速度。

（2）甲地区和乙地区各自按现有平均发展速度发展，再过多少年甲地区可以赶上乙地区的水平？

（3）若甲地区要在 12 年赶上乙地区，甲地区应有怎样的平均发展速度？

专业拓展能力训练

某市 2018 年 1—6 月份工业增加值的时间数列如表 6.7-3 所示。

表 6.7-3　某市 2018 年 1—6 月份工业增加值

时间		1月份	2月份	3月份	4月份	5月份	6月份
工业总产值/亿元		2 662	2 547	3 134	3 197	3 190	3 633
增长量/亿元	逐期	—					
	累计	—					
发展速度/%	环比	—					
	定基	—					
增长速度/%	环比	—					
	定基	—					
增长1%的绝对值/亿元		—					

要求：根据资料计算各种动态分析指标，填入表中相应空格内。

项目七

统计指数分析技术

任务一 认知统计指数

学习引导

```
                    ┌─ 统计指数的由来
          认知统计指数 ─┼─ 统计指数的概念
          │          └─ 辨别广义和狭义的统计指数
          │          ┌─ 反映现象总体的变动方向和程度
认知统计指数 ─┼ 统计指数的作用 ─┼─ 分析现象总体变动中各因素变动
          │          └─ 反映现象的变动趋势
          │          ┌─ 个体指数和总指数
          └─ 统计指数的分类 ─┼─ 数量指标指数和质量指标指数
                      └─ 其他分类
```

知识认知能力训练

一、单项选择题

1. 下列指数属于广义指数的是(　　)。
   A. 价格指数　　　B. 产量指数　　　C. 比较相对数　　　D. 成本指数
2. 下列指数属于狭义指数的是(　　)。
   A. 比较相对数　　　　　　　　　　B. 价格指数

C. 动态相对数　　　　　　　　　D. 计划完成程度相对数
3. 编制统计指数的根本目的是(　　)。
   A. 反映现象总体的变动方向和变动程度
   B. 分析现象总体变动中各因素变动的影响方向及影响程度
   C. 反映现象的变动趋势
   D. 上述内容都包括
4. 统计指数划分为个体指数和总指数的依据是(　　)。
   A. 反映的对象范围不同　　　　B. 指标性质不同
   C. 采用的基期不同　　　　　　D. 编制指数的方法不同
5. 下列指数属于个体指数的是(　　)。
   A. 价格指数　　　　　　　　　B. 产量指数
   C. 个别产品的产量指数　　　　D. 职工人数指数
6. 下列指数属于总指数的是(　　)。
   A. 价格指数　　　　　　　　　B. 个别产品的物价指数
   C. 个别产品的产量指数　　　　D. 个别产品的销售量指数
7. 根据计算时采用权数与否,指数分为(　　)。
   A. 简单指数和加权指数　　　　B. 动态指数和静态指数
   C. 定基指数和环比指数　　　　D. 个体指数和总指数
8. 数量指标指数和质量指标指数的划分依据是(　　)。
   A. 指数化指标的性质不同　　　B. 所反映的对象范围不同
   C. 所反映的现象特征不同　　　D. 编制指数的方法不同
9. 下列指数属于数量指标指数的是(　　)。
   A. 产量指数　　　　　　　　　B. 成本指数
   C. 价格指数　　　　　　　　　D. 劳动生产率水平指数
10. 下列指数属于质量指标指数的是(　　)。
    A. 产量指数　　　　　　　　　B. 商品销售量指数
    C. 职工人数指数　　　　　　　D. 劳动生产率水平指数

二、多项选择题

1. 根据广义指数的定义,下列指数属于广义指数的有(　　)。
   A. 比较相对数　　　　　　　　B. 计划完成相对数
   C. 强度相对数　　　　　　　　D. 零售商品价格指数
   E. 结构相对数
2. 指数的作用是(　　)。
   A. 综合反映复杂现象总体数量上的变动情况
   B. 分析现象总体变动中受各个因素变动的影响
   C. 反映现象总体的总规模水平

D. 利用指数数列分析现象的发展趋势
E. 利用统计指数,可以说明经济发展状况的优劣

3. 下列指数属于数量指标指数的有（　　）。
   A. 工业产品产量指数　　　　B. 劳动生产率水平指数
   C. 商品销售量指数　　　　　D. 产品单位成本指数
   E. 职工人数指数

4. 下列指数属于质量指标指数的有（　　）。
   A. 商品零售量指数　　　　　B. 商品零售额指数
   C. 商品零售价格指数　　　　D. 工业产品成本指数
   E. 劳动生产率水平指数

5. 某企业2017年与2016年相比,各种产品的单位成本总指数为114%,这一相对数属于（　　）。
   A. 综合指数　　　　　　　　B. 个体指数
   C. 数量指标指数　　　　　　D. 质量指标指数
   E. 平均数指数

三、判断题

1. 广义的指数就是指各种相对数。（　　）
2. 不能直接加总与对比的复杂社会经济现象数量综合变动的相对数,称为狭义指数。（　　）
3. 统计指数可以反映现象总体的变动方向和变动程度,这是编制统计指数的根本目的。（　　）
4. 指数分为个体指数和总指数,仅是指数的一种分类,两者并无联系。（　　）
5. 个体指数是两个同名数不同时期对比的结果。（　　）
6. 居民消费价格指数(CPI)属于总指数。（　　）
7. 统计指数按其反映的对象范围不同分为数量指标指数和质量指标指数。（　　）
8. 从指数化指标的性质来看,单位产品成本指数是数量指标指数。（　　）
9. 数量指标指数和质量指标指数的划分具有相对性。（　　）
10. 数量指标指数是由数量指标计算的,质量指标指数是由质量指标计算的。（　　）

专业运用能力训练

能力训练一

为什么 CPI 数据与公众的感受不一样?

消费价格指数 CPI 在国内是一个广受关注的数据,每次公布,总会有小伙伴说数据不准确:"楼下早餐店包子又涨价啦,你说物价平稳我不信""CPI 上涨 1.5%,我感觉不止这么多"……小编听得多了实在忍不住和大家说道说道 CPI 数据到底为什么与"我的"感受落差大。

CPI 不是"包子 CPI"。

CPI 是个"大篮子",里面不仅装有包子、猪肉等食品,还有很多其他商品,比如电视机、水电费、生活日用品等。事实上,CPI 包含了 8 个类别约 700 种商品和服务项目,基本涵盖了我们日常生活消费的方方面面。

CPI 中既包含有上涨的品种,也包括了下跌的品种,是对这些商品价格的综合。相比于 CPI,我们普通居民对物价的主观感受则往往是对单一商品价格变化的感受。消费者可能只感受到包子涨很多,而忽略了猪肉价格低于去年同期,水电费价格好几年都没有变化。

CPI 不是"个人 CPI"。

不同收入、不同地域群体的消费结构不同,对价格波动的敏感度不同:

低收入居民

低收入居民,消费水平低、消费面窄,食品类支出比例高,食品价格对他们的"CPI"影响大,对肉禽蔬果等价格的变化就较为敏感。近几年来,食品等生活必需品不断涨价,因此该群体感觉实际消费价格上涨的幅度比公布的 CPI 数据高。

中高收入居民

中高收入居民,消费水平相对较高、消费内容广,食品支出占总支出比重小,高档消费品及娱乐文化类商品等则对他们的"CPI"影响大。近年来,轿车、手机、电脑、液晶电视等价格多为降价趋势,因而该群体对价格上涨就没有那么敏感。

地区性差异

地区性差异也造成对不同商品的价格波动的敏感度不一样。沿海居民与内陆居民饮食结构的差异,导致肉类价格变化对沿海居民影响要低于内陆居民。

■ CPI 是英文"Consumer Price Index"的缩写,就是居民消费价格指数,是综合反映居民购买的消费商品和服务价格水平变动情况的宏观经济指标。

■ CPI 是一个相对数,反映的是商品和服务现在价格和过去一段时间的比,如国家统计局公布的"2021 年我国 CPI 同比上涨 0.9%"就是 2021 年与 2020 年的比。看着这样的统计数据,普通居民往往会得出指数不高,与实际感受不一致的结论。

■ 但实际上,居民对物价的感受经常是在与很多年前的价格做对比,若将上述指数转化为 1978 年为基期的数据,则计算结果显示 2021 年价格比 1978 年上涨了 592.7%。

■ CPI 是一个平均数,反映的是城乡居民的平均消费结构和市场的平均价格。CPI 的权数是根据我国 16 万户被抽样城乡居民家庭的消费支出数据,并结合部分商场、超市、卖场等企业开展的权数专项调查及行政记录等数据确定的,反映了城乡居民的平均消费结构。CPI 采集的具体商品的价格是对不同调查点和调查时间的成交价格的平均。

(资料来源:搜狐网,https://www.sohu.com/a/231590393_395024)

思考题:

(1) 说说生活中的你对消费价格的感受是否与公布的 CPI 数据一致?为什么?

(2) 如何计算以 2021 年 8 月为对比基期的 2022 年 7 月的全国居民消费价格指数?

(3) 假如成都的猪肉价格由每斤 10 元涨至 20 元,涨幅是 100%;北京的猪肉价格由每斤 15 元涨至 20 元,涨幅是 33.3%,那么两地的猪肉绝对价格是否一致?为什么?

能力训练二

阅读下面有关统计资料：

1. 2021 年，初步核算，江苏省全年实现地区生产总值 116 364.2 亿元，迈上 11 万亿元新台阶，比上年增长 8.6%。分季度看，一季度同比增长 19.2%，二季度同比增长 13.2%，三季度同比增长 10.2%，四季度同比增长 8.6%。分产业看，第一产业增加值 4 722.4 亿元，增长 3.1%；第二产业增加值 51 775.4 亿元，增长 10.1%；第三产业增加值 59 866.4 亿元，增长 7.7%。

2. 2022 年 7 月份，全国居民消费价格同比上涨 2.7%。1—7 月平均，全国居民消费价格比上年同期上涨 1.8%。7 月份，全国居民消费价格环比上涨 0.5%。

3. 据农业农村部监测，2022 年 8 月 29 日农产品批发价格 200 指数情况如图 7.1-1 所示。

图 7.1-1　2022 年 8 月 29 日农产品批发价格 200 指数情况

（资料来源：中国农业农村部网，http://zdscxx.moa.gov.cn:8080/nyb/pc/index.jsp）

思考题：结合上述资料，分析哪些是广义的指数，哪些是狭义的指数。

专业拓展能力训练

2017 中国十佳养老城市

和最爱的人,在最宜居的城,一起待霜染白发,看细水长流。你期待的养老生活也是这样吗？2017 年 12 月 1 日,2017 北京国际老龄产业博览会期间,在中国国际展览中心举行的"2017 中国生态养老发展高峰论坛"上,由中国健康养老产业联盟联合标准排名城市研究院共同对外发布了"2017 中国养老城市排行榜 50 强"。这是该榜单继 2014 年、2015 年、2016 年之后第四次发布。

2017 中国养老城市排行榜榜单显示,广东广州、福建厦门、广东深圳、上海、浙江杭州、福建福州、江苏南京、江西南昌、云南昆明、广东珠海成为前 10 名的养老城市。

据标准排名城市研究院院长谢良兵介绍,最宜养老城市首先应该是宜居城市,其次根据老年人特点,榜单重点选择了空气指数、医疗指数、交通指数、生态指数四个参考标准,加上宜居指数作为此次榜单的最终评判标准。其中宜居指数占 40% 的权重,其余四个指数各占 15% 的权重。

表 7.1-1　2017 中国养老城市排行榜 50 强前 10 名

排 名	城 市	总 分	宜居指数	空气指数	医疗指数	交通指数	生态指数
1	广州	76.51	37.05	12.82	6.10	11.71	8.83
2	厦门	69.77	35.89	14.88	5.55	3.59	9.86
3	深圳	69.19	35.49	14.55	2.99	6.94	9.22
4	上海	68.71	34.20	10.81	3.99	14.85	4.87
5	杭州	66.61	35.80	10.68	4.29	6.99	8.83
6	福州	65.49	32.99	13.81	5.92	3.24	9.53
7	南京	65.09	34.73	7.70	7.07	7.90	7.70
8	南昌	64.57	32.28	13.07	5.31	3.97	9.93
9	昆明	63.70	27.32	14.84	7.68	4.51	9.35
10	珠海	62.99	29.20	14.22	6.73	2.89	9.95

(资料来源:搜狐网,http://www.sohu.com/a/208111450_611014)

思考题：结合你对统计指数的认知,请查阅有关资料,说说宜居指数、空气指数、医疗指数、交通指数、生态指数这几个统计指数是如何测定的？

任务二　计算综合法总指数

学习引导

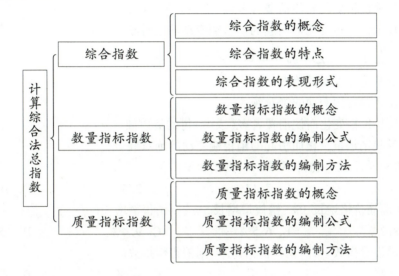

知识认知能力训练

一、单项选择题

1. 编制总指数的两种形式是(　　)。
   A. 数量指标指数和质量指标指数
   B. 综合指数和平均数指数
   C. 算术平均数指数和调和平均数指数
   D. 定基指数和环比指数
2. 用综合指数法编制总指数的关键是(　　)。
   A. 确定被比对象　　　　　　　　B. 确定同等量因素及其固定时期
   C. 确定对比基期　　　　　　　　D. 计算个体指数
3. 同度量因素的使用时期必须是(　　)。
   A. 报告期　　　B. 基期　　　C. 同一时期　　　D. 计划期
4. 编制数量指标指数一般是采用(　　)做同度量因素。
   A. 基期质量指标　　　　　　　　B. 报告期质量指标

C. 基期数量指标　　　　　　　　　D. 报告期数量指标
5. 编制质量指标指数一般是采用(　　)做同度量因素。
   A. 基期质量指标　　　　　　　　　B. 报告期质量指标
   C. 基期数量指标　　　　　　　　　D. 报告期数量指标
6. 公式 $\sum q_1 p_0 - \sum q_0 p_0$ 的经济意义为(　　)。
   A. 反映价格变动的绝对额
   B. 反映销售额变动的绝对额
   C. 反映价格变化而使消费者多(或少)付的货币额
   D. 反映销售量变化而引起的销售额变动的绝对额
7. 公式 $\sum q_1 p_1 - \sum q_1 p_0$ 的经济意义为(　　)。
   A. 反映价格变动的绝对额
   B. 反映销售额变动的绝对额
   C. 反映价格变化而使消费者多(或少)付的货币额
   D. 反映销售量变化而引起的销售额变动的绝对额
8. 销售额增长5%,物价下降2%,则销售量增长(　　)。
   A. 10%　　　　B. 7.14%　　　　C. 2.5%　　　　D. 3%
9. 零售商品价格增长3%,销售量增长5%,则销售额增长(　　)。
   A. 8.2%　　　　B. 6.5%　　　　C. 9.4%　　　　D. 15%
10. 若销售量指数上升,销售价格持平,则销售额指数(　　)。
    A. 下降　　　　B. 上升　　　　C. 持平　　　　D. 为零

二、多项选择题

1. 编制综合指数的一般原则是(　　)。
   A. 编制数量指标指数,宜采用报告期质量指标为同度量因素
   B. 编制数量指标指数,宜采用基期质量指标为同度量因素
   C. 编制质量指标指数,宜采用基期数量指标为同度量因素
   D. 编制质量指标指数,宜采用报告期数量指标为同度量因素
   E. 以上说法都不对
2. 同度量因素的作用有(　　)。
   A. 同度量作用　　　　　　　　　B. 权数作用
   C. 比较作用　　　　　　　　　　D. 平衡作用
   E. 稳定作用
3. 若以 q 表示出口数量,p 表示出口价格,则(　　)。
   A. $\dfrac{\sum q_1 p_0}{\sum q_0 p_0}$ 表示出口量的变动而使出口额变动的程度

B. $\dfrac{\sum q_1 p_0}{\sum q_0 p_0}$ 表示出口额的相对变动程度

C. $\dfrac{\sum q_1 p_0}{\sum q_0 p_0}$ 表示出口价格的相对变动程度

D. $\sum q_1 p_0 - \sum q_0 p_0$ 表示出口量的绝对变动量

E. $\sum q_1 p_0 - \sum q_0 p_0$ 表示由于出口量的变动而使出口额变动的绝对量

4. 2017年某厂三种产品的价格比上年分别增长5%、8%和-2%,2017年三种产品总产值分别为10万元、14万元、6万元,则( )。

  A. 三种产品价格指数为104.895%
  B. 三种产品价格平均增长4.895%
  C. 三种产品价格平均增长3.67%
  D. 三种产品价格指数为105%
  E. 三种产品价格指数为109%

5. 某商店去年商品销售额比前年增加16.48%是由于商品销售量和价格两个因素综合变动影响的结果,这两个因素的变动可能为( )。

  A. 商品销售量未变,价格上涨16.48%
  B. 价格未变,商品销售量增加16.48%
  C. 价格上涨4%,商品销售量增加12%
  D. 价格上涨4%,商品销售量增加12.48%
  E. 价格下降4%,商品销售量增加12.48%

三、判断题

1. 综合指数是一种加权指数。( )
2. 综合指数公式的选择,实质上是权数及其时期的选择。( )
3. 综合指数形式上是两个总量指标的对比,实质上是反映总量指标的某一构成要素的综合平均变动程度。( )
4. 数量指标作为同度量因素,时期一般固定在基期。( )
5. 质量指标作为同度量因素,时期一般固定在基期。( )
6. 某种商品价格上涨5%,销售量下降5%,则商品销售额保持不变。( )
7. 某地2017年与2016年相比,若物价上涨15%,则2017年的1元只值2016年的0.85元。( )
8. 某地2017年与2016年相比,同样多的货币只能购买95%的商品,这说明物价上涨幅度为5%。( )
9. 在特定的权数条件下,综合指数可改变为平均数指数。( )
10. 若三种商品的销售量指数 $\dfrac{\sum q_1 p_0}{\sum q_0 p_0}=134.25\%$,则说明这三种商品的报告期销售量

比基期综合或平均提高了 34.25%。(　　)

专业运用能力训练

某厂三种产品的生产情况如表 7.2-1 所示。

表 7.2-1　某厂三种产品的生产情况

产品名称	计量单位	产量		出厂价格/元	
		基期(q_0)	报告期(q_1)	基期(p_0)	报告期(p_1)
甲	件	12 000	15 000	8	10
乙	个	30 000	32 000	5	7
丙	台	4 000	4 500	50	60

要求：试分析出厂价格和产量的变动对总产值的影响。

专业拓展能力训练

某商场销售情况如表 7.2-2 所示。

表 7.2-2　某商场销售情况

产品编号	计量单位	销售量		销售价格/元	
		基期(q_0)	报告期(q_1)	基期(p_0)	报告期(p_1)
1	万件	450	500	700	770
2	千克	500	520	350	350
3	辆	900	1 080	100	110

要求：根据资料计算三种商品的销售量指数和销售价格指数。

任务三 计算平均法总指数

学习引导

```
计算平均法总指数
├─ 平均指数
│   ├─ 平均指数的概念
│   ├─ 平均指数的特点
│   └─ 平均指数的表现形式
├─ 加权算术平均指数
│   ├─ 加权算术平均指数的概念
│   ├─ 加权算术平均指数的编制公式
│   └─ 加权算术平均指数的编制方法
└─ 加权调和平均指数
    ├─ 加权调和平均指数的概念
    ├─ 加权调和平均指数的编制公式
    └─ 加权调和平均指数的编制方法
```

知识认知能力训练

一、单项选择题

1. 综合指数变形为加权算术平均数形式，其权数是（　　）。
   A. 该综合指数的分子　　　　　　B. 该综合指数的分母
   C. 固定权数　　　　　　　　　　D. 视具体情况而定

2. 综合指数变形为加权调和平均数形式，其权数是（　　）。
   A. 该综合指数的分子　　　　　　B. 该综合指数的分母
   C. 固定权数　　　　　　　　　　D. 视具体情况而定

3. 在掌握报告期产值和各种产品价格个体指数资料的条件下，计算价格总指数要采用（　　）。
   A. 综合指数　　　　　　　　　　B. 可变构成指数
   C. 加权算术平均指数　　　　　　D. 加权调和平均指数

4. 已知某工厂生产三种产品，在掌握其基期、报告期生产费用和个体产量指数时，编制三种产品产量指数应采用（　　）。
   A. 加权调和平均指数　　　　　　B. 加权算术平均指数

C. 数量指标综合指数　　　　　　　　D. 质量指标综合指数
5. 报告期价值总量为权数的加权平均指数在计算形式上采取(　　)。
　　A. 算术平均数形式　　　　　　　　B. 调和平均数形式
　　C. 综合指数形式　　　　　　　　　D. 几何平均形式
6. 在 $\dfrac{\sum q_1 p_1}{\sum \dfrac{1}{k_p} q_1 p_1}$ 这一调和平均指数的计算公式中 k 是(　　)。
　　A. 质量指标个体指数　　　　　　　B. 权数
　　C. 数量指标个体指数　　　　　　　D. 同度量因素
7. 某公司所属三个企业生产同一产品,要反映这三个企业产品产量报告期比基期的变动情况,那么,三个企业的产品产量(　　)。
　　A. 能够直接加总
　　B. 必须用不变价格做同度量因素才能加总
　　C. 不能直接加总
　　D. 必须用现行价格做同度量因素才能加总
8. 单位产品成本报告期比基期下降4%,产量增加4%,则生产费用(　　)。
　　A. 增加　　　　B. 降低　　　　C. 不变　　　　D. 很难判断
9. 已知两个企业报告期和基期某种产品的产量和单位成本资料,要计算平均单位成本的变动,应采用(　　)。
　　A. 综合指数　　　　　　　　　　　B. 加权算术平均指数
　　C. 加权调和平均指数　　　　　　　D. 可变构成指数
10. 下列平均指数中,等于同度量因素固定在基期的销售量综合指数(q 为销售量,p 为价格)的是(　　)。
　　A. $\dfrac{\sum k_q q_0 p_0}{\sum q_0 p_0}$　　B. $\dfrac{\sum q_1 p_1}{\sum \dfrac{1}{k_p} q_1 p_1}$　　C. $\dfrac{\sum k_q q_1 p_1}{\sum q_1 p_1}$　　D. $\dfrac{\sum q_0 p_0}{\sum \dfrac{1}{k_p} q_0 p_0}$

二、多项选择题

1. 平均指数(　　)。
　　A. 是由两个平均数对比形成的指数　　B. 是个体指数的简单平均数
　　C. 是按平均形式计算的总指数　　　　D. 是个体指数的加权平均数
　　E. 其计算特点是,先平均,再对比
2. 数量指标综合指数(　　)。
　　A. 是编制数量指标指数的基本形式
　　B. 通常是以基期质量指标作为同度量因素
　　C. 一般不包括同度量因素变动的影响
　　D. 在应用时要掌握全面的原始资料

E. 在实践中变形为调和平均指数的形式
3. 质量指标综合指数(　　)。
   A. 是编制质量指标指数的基本形式
   B. 通常是以报告期数量指标作为同度量因素
   C. 一般包含同度量因素变动的影响
   D. 其分子与分母的绝对差额有实际经济意义
   E. 在实践中常变形为算术平均指数的形式
4. 与综合指数相比,平均指数的优势表现在(　　)。
   A. 能根据非全面资料计算总指数
   B. 权数可用已经加工过的总值资料
   C. 可以用权数的比重代替其实际数值来计算总指数
   D. 指数的计算对资料要求较高,需要使用全面资料
   E. 能反映现象变动的方向和实际效果
5. 下列关于平均指数与综合指数关系的说法正确的有(　　)。
   A. 综合指数是通过引进同度量因素,先计算出总体的总量,然后再进行对比,即先综合,后对比
   B. 平均指数是在个体指数的基础上计算总指数,即先对比,后综合
   C. 综合指数需要研究总体的全面资料,对于综合作用的同度量因素的资料要求也比较严格,一般应采用与指数化指标有明确经济联系的指标,且应有一一对应的全面实际资料
   D. 平均指数既适用于全面的资料,也适用于非全面的资料,其对资料的要求比较灵活
   E. 平均指数与综合指数是计算总指数的两种方法,在一定的权数条件下,两类指数间有转换关系

三、判断题

1. 总指数的计算形式包括:综合指数、平均指数、平均指标指数。(　　)
2. 平均指数之所以被称为平均指数,是因为它利用了加权算术平均数 $\bar{x} = \dfrac{\sum xf}{\sum f}$ 和加权调和平均数 $\bar{x} = \dfrac{\sum m}{\sum \dfrac{m}{x}}$ 的计算形式。(　　)
3. 平均指数有两种基本形式:一是加权算术平均指数;另一种是加权调和平均指数。(　　)
4. 由于受所掌握资料不全面的限制,当我们无法直接运用综合指数的计算公式来计算时,可以使用平均指数来测定复杂现象的综合或平均变动的方向和程度。(　　)
5. 算术平均指数是反映平均指标变动程度的相对数。(　　)
6. 综合指数和平均指数的联系主要表现为在一定的权数条件下,两类指数之间有变形

关系。(　)

7. 综合指数需要研究总体的全面资料，平均指数既适用于全面的资料，也适用于非全面的资料。(　)

8. 平均指数一般只能通过总指数表明复杂总体的变动方向和程度，而不能用于对现象进行因素分析。(　)

9. 在平均指数的计算中，一般地，数量指标综合指数可以改变为加权调和平均形式计算指数，质量指标综合指数可以改变为加权算术平均形式计算指数。(　)

10. 在已经掌握各种商品的销售量个体指数以及各种商品的基期销售额资料的情况下，计算销售量总指数应采用加权算术平均数公式。(　)

专业运用能力训练

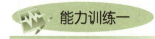

能力训练一

某商场销售情况如表 7.3-1 所示。

表 7.3-1　某商场销售情况

商品名称	计量单位	销售量		基期销售额/万元 (p_0q_0)
		基期(q_0)	报告期(q_1)	
甲	盒	4 000	5 000	5 600
乙	套	800	1 040	2 600
丙	台	200	150	6 000
合计	—	—	—	14 200

要求：计算该商场的销售量总指数和因销售量变动而增减的销售额。

能力训练二

某商场销售情况如表 7.3-2 所示。

表 7.3-2　某商场销售情况

商品名称	计量单位	价格/元 基期(p_0)	价格/元 报告期(p_1)	报告期产值/元 (p_1q_1)
甲	件	100	100	115 000
乙	千克	55	50	105 000
丙	台	200	250	125 000
合计	—	—	—	345 000

要求：计算该商场的价格总指数和因价格变动而增减的销售额。

专业拓展能力训练

某商店报告期与基期的三种商品有关资料如表 7.3-3 所示。

表 7.3-3　某商店报告期与基期的三种商品有关资料

商品名称	计量单位	销售额/百元 基期(p_0q_0)	销售额/百元 报告期(p_1q_1)	销售量个体指数/% (k_q)
甲	千克	120	147	120
乙	件	100	125	110
丙	双	140	160	100
合计	—	360	432	—

要求：计算三种商品的销售量指数和销售价格指数。

项目八

统计分析报告技术

任务一 认知统计分析报告

 学习引导

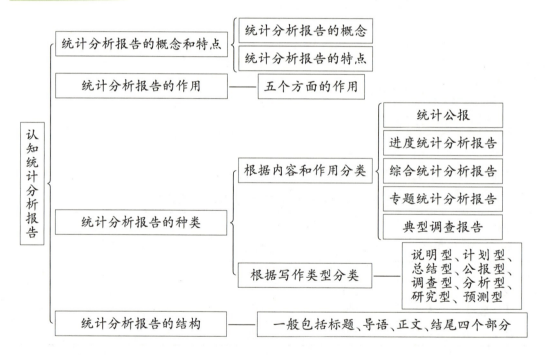

知识认知能力训练

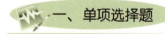

1. 统计分析报告是指运用统计资料和统计分析方法,以独特的表达方法和结构特点,

表现所研究事物本质和规律性的一种（　　）。

   A．总结报告　　　B．叙述文　　　C．应用文章　　　D．议论文

2．统计分析报告是一种特殊的（　　）。

   A．表格式报告　　　　　　　　B．图形式报告

   C．文字式报告　　　　　　　　D．文章式报告

3．（　　）是政府统计机构通过报刊向社会公众公布一个年度国民经济和社会发展情况的统计分析报告。

   A．典型调查报告　　　　　　　B．统计公报

   C．专题统计分析报告　　　　　D．进度统计分析报告

4．（　　）是对一定时期社会经济发展情况进行总结分析的统计分析报告。

   A．总结型统计分析报告　　　　B．公报型统计分析报告

   C．说明型统计分析报告　　　　D．研究型统计分析报告

5．（　　）是估量社会经济发展前景的统计分析报告。

   A．分析型统计分析报告　　　　B．调查型统计分析报告

   C．预测型统计分析报告　　　　D．计划型统计分析报告

6．下列有关说明型统计分析报告的表述不正确的是（　　）。

   A．它是对统计报表进行说明的统计分析报告

   B．它是我们通常所说的报表说明

   C．它可以帮助本单位领导审查报表，以保证数字的质量

   D．一般应由级别较高的统计机关发布

7．下列有关统计分析报告结构的表述不正确的是（　　）。

   A．有的标题，既有正标题，又有副标题

   B．好的结尾要能够抓住读者，引起读者的注意和兴趣

   C．拟定标题，要力求确切、新颖、有吸引力

   D．正文要求结构严谨、层次分明、条理清晰

8．统计公报是政府的一种文件，一般应由（　　）的统计机关发布。

   A．县级以上　　　　　　　　　B．地级以上

   C．级别较高　　　　　　　　　D．省级以上

9．调查型统计分析报告只反映部分单位的社会经济情况，一般不直接反映和推论总体情况，它的资料和情况来源于（　　）。

   A．非全面调查　　　　　　　　B．经济普查

   C．定期调查　　　　　　　　　D．全面统计

10．研究型统计分析报告与分析型统计分析报告的主要区别是（　　）。

   A．分析型统计分析报告对社会现象的认识仍停留在具体状态

   B．研究型统计分析报告是将具体的状态上升到理论的高度，提出理论性的见解或新的观点

   C．研究型比分析型的意义又进一步，是一种高层次的统计分析报告

   D．分析型统计分析报告着重研究解决问题的办法和进行理论探讨

二、多项选择题

1. 统计分析报告与一般的文章相比具有的特点有（　　）。
   A. 它是以统计数据为主体
   B. 它是以科学的统计指标体系和统计方法来进行分析、研究和说明
   C. 它具有独特的表达方式和结构特点
   D. 它是统计数字的文字化
   E. 它是一般的文字资料

2. 统计分析报告是一种特殊的文章式报告，通常它的作用包括（　　）。
   A. 它是衡量统计工作水平的综合标准　　B. 它是传播统计信息的有效工具
   C. 它是发挥统计整体功能的重要手段　　D. 它是增进社会了解统计的重要窗口
   E. 它是有利于促进统计工作自身发展的有效方式

3. 统计分析报告的种类有（　　）。
   A. 统计公报　　　　　　　　　　　B. 进度统计分析报告
   C. 综合统计分析报告　　　　　　　D. 专题统计分析报告
   E. 典型调查报告

4. 统计分析报告按写作类型分，可分为（　　）等统计分析报告。
   A. 说明型　　　B. 计划型　　　C. 总结型　　　D. 公报型
   E. 调查型

5. 一篇完整的统计分析报告，其结构格式一般包括（　　）等部分。
   A. 标题　　　　B. 导语　　　　C. 正文　　　　D. 结尾
   E. 致谢语

6. 统计公报的特点有（　　）
   A. 政治性、政策性和权威性较强
   B. 它比其他分析报告更具体、细致和生动
   C. 主要用统计数字直接反映方针政策的贯彻执行所取得的成就和问题，一般不作统计分析
   D. 标题和结构比较固定
   E. 写作严肃认真，用语郑重，概括性强，语言简练

7. 综合统计分析报告的主要特点有（　　）。
   A. 它的目标集中，内容单一
   B. 内容上具有全面性、系统性、客观性
   C. 力求内容短小精悍，结构简单规范
   D. 使用大量丰富而广泛的统计资料
   E. 统计分析方法运用灵活

8. 典型调查报告是根据调查的目的、要求，有意识地选择少数有代表性的单位进行深入实际的调查后所写成的报告，其特点有（　　）。
   A. 内容上只反映少数单位的具体情况，不直接反映总体的全部情况，也不用这些单

位的情况去推断总体的情况
- B. 从时间上看,它可分为定期分析报告和不定期分析报告、期中分析报告和期末分析报告
- C. 直接取材,编写统计分析报告所使用的材料主要是典型调查所收集的第一手资料
- D. 更要求突破时间和空间的限制,根据领导和社会公众的需要灵活选题,做到重点突出,认识深刻
- E. 它比其他分析报告更具体、细致和生动

9. 分析型统计分析报告是通过分析着重反映社会经济现象具体状态的统计分析报告,它同调查型统计分析报告的主要区别有(　　)。
- A. 它是一种高层次的统计分析报告
- B. 它既反映部分单位的情况,也反映总体的情况,并以总体情况为主
- C. 它的资料和情况来源是多方面的
- D. 它的资料可以是部分单位的调查资料
- E. 它的资料可以是全面统计报表资料、历史资料等,其中又以全面统计报表资料居多

10. 导语是统计分析报告的开头,好的导语应当(　　)。
- A. 可以帮助读者明确题旨、加深认识
- B. 能够抓住读者,引起读者的注意和兴趣
- C. 为全文的展开理清脉络,做好铺垫,确定好文章的格局
- D. 要短、精、新
- E. 可以引起读者的联想和思考

(三) 判断题

1. 统计分析报告类似于一般的总结报告、议论文、叙述文和说明文。(　　)
2. 统计分析结果可以通过表格式、图形式和文章式等多种形式表现出来。(　　)
3. 统计分析报告是在质与量的辩证统一中研究质的方面基础上,研究说明事物量的规定性。(　　)
4. 统计分析报告是统计工作过程的阶段性成果,在一定意义上,它是全部统计工作水平的综合。(　　)
5. 进度统计分析报告必须讲究时效,力求内容短小精悍,结构简单规范,看后一目了然。(　　)
6. 专题统计分析报告不要求突破时间和空间的限制,根据领导和社会公众的需要灵活选题,做到重点突出,认识深刻。(　　)
7. 典型调查报告比其他统计分析报告更具体、细致和生动。(　　)
8. 说明型统计分析报告主要是对报表的数据做文字的补充叙述,配合报表进一步反映社会经济情况。(　　)

9. 一般地,统计分析报告的正文有序时结构、序事结构、总分结构、并列结构等形式。( )

10. 好的导语,可以帮助读者明确题旨、加深认识,又可引起读者的联想和思考。( )

专业运用能力训练

请通过有关统计网站,有选择地搜索5篇不同种类和类型的统计分析报告,按照出处、标题、导语、正文和结尾几个项目的撰写特点进行列表比较,并用文字简要概述这5篇统计分析报告各自的优点。

1. 列表比较(表8.1-1):

表8.1-1 5篇统计分析报告的情况

序号	出处	标题	导语	正文	结尾
1					
2					
3					
4					
5					

2. 简要概述这5篇统计分析报告各自的优点。

专业拓展能力训练

2022年上半年上海居民消费价格运行情况与特点

上半年,本市居民消费价格(以下简称CPI)同比上涨2.8%,升幅较上年同期扩大2.1个百分点。扣除食品和能源价格的核心CPI上涨1.5%。

一、各月同比前低后高,八大类价格"七升一降"

上半年,本市CPI各月同比呈稳步开局、快速走高态势。分月来看,1、2月份延续去年底平稳走势,分别上涨1.6%和1.5%。3月下旬起,疫情影响下短期内的供需失衡致使食品价格快速走高,带动3月CPI同比上涨2.2%。全域静态管控下,各类鲜活食品价格进一步上升,4、5月份同比涨幅扩大至4.3%和4.6%。6月份,疫情影响有所减弱,涨幅回落至2.9%。

分类别看,上半年本市CPI八大类同比呈"七升一降"格局,除衣着价格下降0.6%之外,其余各类均有不同程度上升。其中,食品烟酒价格上升5.2%,涨幅居首。交通通信和教育文化娱乐价格分别上涨4.9%和3.1%。其余类别涨幅均在3个百分点以内。

二、菜蛋价格大幅攀升,猪肉同比降幅收窄

上半年,本市菜及食用菌和蛋类价格分别上涨22.2%和20.3%,涨幅较一季度扩大14.3%和18.5%。主要原因是4、5月份全市静态管控期间,市民对各类鲜活食品的需求较大,但商品运输流通存在一定困难,致使相关价格一度走高。随着复工复市的稳步推进,鲜活食品涨幅明显收窄。

今年以来,受产能调整显效、集中收储提振、囤货需求增加等多重原因影响,猪肉价格降幅持续收窄。受此影响,上半年本市畜肉类价格同比下降11%,较一季度收窄9.4个百分点。猪肉价格对CPI总指数的平抑作用明显减退。

三、成品油价连创新高,疫情冲击服务消费

今年以来,国际地缘政治的紧张局势推动原油价格持续攀升,国内成品油价经历了10次上调。6月份,交通工具用燃料费价格同比上涨超三成,92号汽油迈入9元大关。受此影响,上半年交通通信价格同比上涨4.9%。

上半年,本市服务价格同比上涨1.9%,涨幅较一季度回落0.4个百分点。受疫情影响,3月下旬以来全市各类线下服务消费明显减少。其中,电影及演出票和景点门票价格由升转降,旅行社收费价格涨幅收窄。综合影响下,上半年文化娱乐价格同比上涨1.9%。

(资料来源:上海市统计局网,https://tjj.sh.gov.cn/tjfx/20220718/c5256752ead3416292f4977bc09a2d06.html)

思考题:

(1)本篇统计分析报告是根据什么选题的?

(2)该篇报告属于哪一种统计报告类型?

(3)该篇报告标题的拟定方式是什么?

(4)该篇报告的正文部分采用了什么方式?

(5)撰写该篇报告需要搜集哪些统计数据资料?

(6)从本案例中你得到哪些启示?

任务二　统计分析报告的选题与撰写

学习引导

```
                              ┌─ 统计分析报告的选题 ─┬─ 选题的方向
                              │                      └─ 选题的技巧
                              │
                              │                      ┌─ 标题的拟定
                              │                      ├─ 导语的撰写
                              ├─ 统计分析报告的撰写 ─┤
                              │                      ├─ 正文的撰写
统计分析报告的选题与撰写 ─────┤                      └─ 结尾的撰写
                              │
                              │                          ┌─ 标题的常见问题
                              │                          ├─ 导语的常见问题
                              ├─ 统计分析报告中的常见问题┤
                              │                          ├─ 数字运用的常见问题
                              │                          └─ 其他方面的常见问题
                              │
                              │                        ┌─ 选择分析课题
                              ├─ 统计分析报告撰写程序 ─┤─ 拟定分析提纲
                              │                        ├─ 收集加工资料
                              │                        └─ 撰写分析报告
                              │
                              └─ 统计分析报告的评价标准 ─┬─ 两个方面的质量衡量
                                                        └─ 四条质量基本要求
```

知识认知能力训练

一、单项选择题

1. (　　)是统计分析报告的首要任务。
   A. 选准题目　　　B. 写好导语　　　C. 选好副标题　　　D. 写好结尾
2. 以(　　)为标题,这是统计分析报告标题的最基本形式。
   A. 主要论点　　　B. 主要结论　　　C. 分析目的　　　D. 提问的方式

3. （　　）是作者向读者传递的第一个信息，也是读者决定是否阅读这一分析报告的依据。
   A. 导语　　　　　B. 标题　　　　　C. 正文　　　　　D. 致谢语
4. （　　）方式撰写导语的特点是一开头就把分析报告的基本观点、基本内容交代清楚，使读者对所分析的问题有个概括的了解，起到画龙点睛的作用。
   A. 开门见山　　　B. 交代动机　　　C. 总揽全文　　　D. 造成悬念
5. （　　）撰写正文的特点是文章各部分内容按事理的发展顺序排列。
   A. 序时式　　　　B. 总分式　　　　C. 并列式　　　　D. 序事式
6. 很多统计分析报告的题目是"××几点看法""××分析报告""××问题的调查"等，这种标题的问题属于（　　）。
   A. 标题与内容不统一　　　　　　　B. 标题太长
   C. 标题缺乏新意　　　　　　　　　D. 标题太短
7. 统计分析报告的（　　）要求，即选题准确，能够紧密结合经济形势，配合党的中心任务，反映方针、政策的执行情况和效果，对党政领导的决策能起积极的作用。
   A. 准确性　　　　B. 针对性　　　　C. 时效性　　　　D. 逻辑性
8. 某统计分析报告有这样一句话："某企业劳动生产率计划增长8%，而实际增长了12%，计划完成程度超额完成了3.7个百分点。"其错误属于（　　）。
   A. 数字罗列太多或数字搬家　　　　B. 数字运用含义不清或表述不当
   C. 数字运用不准确　　　　　　　　D. 作为统计数字的论据与论点不统一
9. 某统计分析报告这样写道："今年上半年，我商场基本上完成了全年销售任务的55%。"其错误属于（　　）。
   A. 数字运用含义不清或表述不当　　B. 数字运用不准确
   C. 数字罗列太多或数字搬家　　　　D. 修辞、语法、语言逻辑方面的问题
10. 下列内容属于拟定分析提纲的是（　　）。
    A. 要选择哪些分析方法，准备从哪些方面进行分析
    B. 要综合运用多种分析方法从多个方面多个角度进行分析
    C. 定性分析与定量分析相结合
    D. 要善于使用比较分析的方法

二、多项选择题

1. 统计分析报告的选题应该遵循的原则有（　　）。
   A. 要根据报告写作水平来选题
   B. 要根据社会经济发展的实际情况来选题
   C. 要根据统计数据的翔实来选题
   D. 要根据服务对象的需要来选题
   E. 要根据本身的工作条件来选题

2. 统计分析报告的撰写包括(　　)等。
   A. 标题的拟定　　　　　　　　　B. 导语的撰写
   C. 正文的撰写　　　　　　　　　D. 结尾的撰写
   E. 致谢语的撰写
3. 拟定标题的常见方式有(　　)。
   A. 以分析目的为标题　　　　　　B. 以读者需求为标题
   C. 以主要论点为标题　　　　　　D. 以主要结论为标题
   E. 以提问的方式拟定标题
4. 撰写导语的常见方式有(　　)。
   A. 开门见山　　B. 总揽全文　　C. 交代动机　　D. 首尾圆合
   E. 造成悬念
5. 撰写正文的常见方式有(　　)。
   A. 结构式　　　B. 序时式　　　C. 序事式　　　D. 总分式
   E. 并列式
6. 撰写结尾的常见方式有(　　)。
   A. 总结全文,深化主题　　　　　B. 表明态度,提出建议
   C. 展望前景,提出看法　　　　　D. 强调问题,引起重视
   E. 呼应开头,首尾圆合
7. 统计分析报告标题的常见问题有(　　)。
   A. 数字运用不准确　　　　　　　B. 标题与内容不统一
   C. 作为统计数字的论据与论点不统一　D. 标题太长
   E. 标题缺乏新意
8. 统计分析报告中数字运用常见的问题有(　　)。
   A. 数字运用含义不清或表述不当　B. 数字罗列太多或数字搬家
   C. 语言逻辑错误　　　　　　　　D. 数字运用不准确
   E. 作为统计数字的论据与论点不统一
9. 统计分析报告的撰写程序包括(　　)。
   A. 选择分析课题　　　　　　　　B. 拟定分析提纲
   C. 收集加工资料　　　　　　　　D. 撰写分析报告
   E. 评价分析报告
10. 统计分析报告的质量好坏有(　　)等几个方面的基本质量要求。
    A. 统领性要求　　B. 准确性要求　　C. 针对性要求　　D. 时效性要求
    E. 逻辑性要求

三、判断题

1. 统计分析报告的选题一定要选领导和群众最关心的问题,特别是本单位布置的题材和领导亲自出的题目。(　　)

2. "效益一落千丈,企业进退两难",这样的统计分析报告标题是用夸张的手法将主要论点提出来,但这样的题目一般加副标题会比较好。(　　)

3. 交代动机撰写导语的方式是以提问、设问等方式提出问题,摆出矛盾,使读者产生疑问或悬念,然后逐一剖析解决。(　　)

4. 序时式和序事式撰写正文的方式多用于反映客观事物随着时间的变化而变化的统计分析报告。(　　)

5. 对结尾的一个基本要求是准确简洁,提出的问题或对策建议要归纳准确,语言表述要简洁。(　　)

6. 有的文章题意太大或太宽,而有的文章题意太小或太窄。这是属于标题与内容不统一的问题。(　　)

7. 统计分析报告中应用的统计数字应该是没有经过加工处理的数字。(　　)

8. "我省消费结构中,吃的食品的构成质量正在发生变化。"这句话的错误属于描述缺乏新意。(　　)

9. 拟定分析提纲与拟定写作提纲不同,它是如何进行统计分析的思路和打算,是作者对分析对象的初步认识,对统计分析的顺利进行起指导作用。(　　)

10. 统计分析报告的时效性及产生的社会影响是衡量统计分析报告质量的主要标准。(　　)

专业运用能力训练

某公司办公室1—4月份费用目标完成情况分析如表8.2-1所示。

表8.2-1　某公司办公室1—4月份费用目标完成情况分析

单位:元

序号	考核内容	年度计划	1—4月份计划	1—4月份实际	降低额
1	办公费	157 086	52 362	38 725	13 637
	其中:邮寄费	1 220	407	280	127
	办公用品、复印打字	23 683	7 894	4 068	3 826
	电脑、打印机、复印机	49 972	12 493	5 273	7 220
	电话费	82 211	20 553	29 104	(8 551)
2	差旅费	786	262	32	230
3	运输费	105 146	35 049	45 922	(10 873)
	其中:运费	41 622	13 874	20 577	(6 703)
	油料	63 524	21 175	25 345	(4 170)
4	物耗	861	287	0	287
5	其他	—	—	—	—
	合计	263 879	87 960	84 679	3 281

要求:请根据以上资料撰写一份简单的统计分析报告。

专业拓展能力训练

某校为了了解大学生的学习情况,统计大学生平时的学习习惯,帮助大学生找到更好的学习方法,为将来打好基础,特进行了一次"关于大学生学习方法"的调查活动,设计了调查问卷,本次调查共发出 100 份问卷,收回有效问卷 100 份,并已进行初步的统计整理工作,整理结果见表 8.2-2。

关于大学生学习方法的调查问卷

同学:

您好!为了有效地帮助您把握正确的学习方向,请您实事求是地填写下面的问卷,这将有助于我们更好地帮助您找到更好的学习方法,感谢您的配合!

1. 你的学习动机来源于(　　)。
   A. 为了自己的前途
   B. 自己对学习非常感兴趣
   C. 父母、同学、老师说我学习差,我要证明给他们看,我不差
   D. 其他动力

2. 你是否有预习的习惯,如果有的话,你都预习哪些内容呢?(　　)
   A. 有,自己感兴趣的　　　　　　B. 有,对自己前途有利的
   C. 有,老师强调的　　　　　　　D. 没有

3. 你觉得预习有效果吗?(　　)
   A. 很有效果　　　　B. 效果不大　　　　C. 没有效果

4. 你有课堂做笔记的习惯吗?(　　)
   A. 有　　　　B. 没有　　　　C. 没有,但是课后会补起来

5. 你有课后复习的习惯吗?(　　)
   A. 有　　　　B. 不经常有　　　　C. 没有

6. 你有记错题和好题点评的习惯吗?(　　)
   A. 有　　　　B. 不经常有　　　　C. 没有

7. 你觉得自己记忆力是好还是差,知道提高记忆的方法吗?(　　)
   A. 好;知道　　B. 好;不知道　　C. 差;知道　　D. 差;不知道

8. 你做题目时,会想着用多种方法解决吗?(　　)
   A. 会　　　　B. 偶尔会　　　　C. 不会

9. 做完题目后,不管是好还是差,是对还是错,自己会进行反思吗?(　　)
   A. 经常会　　　　B. 偶尔会　　　　C. 不会

再一次感谢您的积极合作,祝您学习进步、生活愉快!

"关于大学生学习方法"调查小组

2018 年 6 月 30 日

表 8.2-2 调查问卷的统计数据整理结果

问卷题号	选项	选择该选项的小计	所占比例/%
1	A	67	67
	B	3	3
	C	5	5
	D	25	25
2	A	39	39
	B	9	9
	C	11	11
	D	41	41
3	A	71	71
	B	25	25
	C	4	4
4	A	60	60
	B	23	23
	C	17	17
5	A	21	21
	B	57	57
	C	22	22
6	A	15	15
	B	66	66
	C	19	19
7	A	21	21
	B	19	19
	C	15	15
	D	45	45
8	A	15	15
	B	70	70
	C	15	15
9	A	30	30
	B	55	55
	C	15	15

要求：请根据以上调查资料，撰写一篇统计分析报告。

统计基础职业能力综合测试(一)

一、单项选择题(每题1分,共10分)

1. 某班5名同学的某门课的成绩分别为60,70,75,80,85,这5个数是( )。
   A. 指标　　　　　　B. 标志　　　　　　C. 变量　　　　　　D. 变量值
2. 调查某市职工家庭的生活状况时,统计总体是( )。
   A. 该市全部职工家庭　　　　　　　　B. 该市每个职工家庭
   C. 该市全部职工　　　　　　　　　　D. 该市职工家庭户数
3. 某种年报制度规定在次年1月31日前上报,则调查期限为( )。
   A. 1个月　　　　　B. 1年　　　　　C. 1年零1个月　　　D. 2个月
4. 某连续变量数列,其末组为开口组,下限为200,又知其邻组的组中值为170,则末组的组中值为( )。
   A. 260　　　　　　B. 215　　　　　　C. 230　　　　　　D. 185
5. 平均指标中最常用的是( )。
   A. 算术平均数　　　B. 调和平均数　　　C. 几何平均数　　　D. 位置平均数
6. 序时平均数又称作( )。
   A. 平均发展速度　　B. 平均发展水平　　C. 平均增长速度　　D. 静态平均数
7. 若副食品类商品价格上涨10%,销售量增长20%,则副食品类商品销售总额增长( )。
   A. 30%　　　　　　B. 32%　　　　　　C. 2%　　　　　　D. 10%
8. 简单算术平均数作为加权算术平均数特例的条件是( )。
   A. 各组权数相等　　　　　　　　　　B. 各组权数不相等
   C. 各组标志值相等　　　　　　　　　D. 各组标志值不相等
9. 某企业2017年比2016年产量增长了10%,产值增长了20%,则产品的价格提高了( )。
   A. 10%　　　　　　B. 30%　　　　　　C. 100%　　　　　　D. 9.09%
10. 报告期水平与前期水平之差称为( )。
    A. 逐期增长量　　　　　　　　　　　B. 累计增长量
    C. 环比增长速度　　　　　　　　　　D. 定基增长速度

二、多项选择题(每题2分,共20分)

1. 下列标志属于数量标志的有( )。
   A. 性别　　　　B. 出勤人数　　　C. 产品等级　　　D. 产品产量
   E. 文化程度

2. 为了解全国乡镇企业情况而进行调查,则每一个乡镇企业是( )。
   A. 调查对象　　B. 调查单位　　　C. 填报单位　　　D. 调查项目
   E. 标志的承担者

3. 统计表从形式上看由( )组成。
   A. 总标题　　　B. 横行标题　　　C. 纵栏标题　　　D. 主词
   E. 宾词

4. 易受极端值影响的平均指标有( )。
   A. 算术平均数　B. 调和平均数　　C. 几何平均数　　D. 中位数
   E. 众数

5. 某企业2014年总产值为50万元,2017年为100万元,则2017年的总产值比2014年( )。
   A. 增长了50万元　　　　　　　　B. 增长了100%
   C. 增长了50%　　　　　　　　　D. 翻了一番
   E. 翻了两番

6. 某商品基期售出50千克,报告期售出60千克,指数为120%,该指数为( )。
   A. 数量指标指数　B. 综合指数　　C. 总指数　　　D. 销售量指数
   E. 个体指数

7. 下列分组属于按数量标志分组的有( )。
   A. 企业按计划完成程度分组　　　B. 职工按工龄分组
   C. 企业按隶属关系分组　　　　　D. 企业按年产量分组
   E. 学生按健康状况分组

8. 下列指标属于强度相对指标的有( )。
   A. 人口密度　　　　　　　　　　B. 人均国民生产总值
   C. 人口出生率　　　　　　　　　D. 人口自然增长率
   E. 男女性别比例

9. 在各种平均数中,不受极端值影响的平均数有( )。
   A. 算术平均数　B. 调和平均数　　C. 中位数　　　D. 几何平均数
   E. 众数

10. 用综合指数形式计算的商品销售价格指数,表明了( )。
    A. 商品销售量的变动幅度　　　　B. 商品销售品种的变动
    C. 商品销售价格的变动程度　　　D. 商品销售价格的变动趋向
    E. 销售价格变动对销售额产生的影响

三、判断题(每题1分,共10分)

1. 某同学计算机考试成绩80分,这是统计指标值。(   )
2. 以绝对数形式表示的指标都是数量指标,以相对数或平均数表示的指标都是质量指标。(   )
3. 对统计总体中的全部单位进行调查称为普查。(   )
4. 调查对象是调查项目的承担者。(   )
5. 统计整理就是对统计资料进行汇总、加工处理。(   )
6. 如果两个变量数列的标准差相等,那么它们的平均数的代表性也一定相同。(   )
7. 对于同一资料,按水平法和方程法计算的平均发展速度是相等的。(   )
8. 定基发展速度等于相应时期内各个环比发展速度的连乘积。(   )
9. 总指数可分为质量指标指数和数量指标指数,而个体指数不能这样分。(   )
10. 时期数列中每个指标值的大小和它所对应时期的长短有直接关系。(   )

四、计算分析题(第1题6分,第2题8分,第3题9分,第4题8分,第5题10分,第6题12分,第7题7分,共60分)

1. 甲、乙两班同时参加统计学课程的测试,甲班的平均成绩为70分,标准差为9分;乙班的成绩分组资料如下:

按成绩分组/分	60以下	60~70	70~80	80~90	90~100	合计
学生人数/人	2	6	25	12	5	50

要求:计算乙班学生的平均成绩,并比较甲、乙两班哪个班的平均成绩更有代表性。

2. 2018年6月甲、乙两市场几种商品的价格、销售量、销售额资料如下:

商品品种	价格x/(元/件)	甲市场销售额m/元	乙市场销售量f/件
甲	105	73 500	1 200
乙	120	108 000	800
丙	137	150 700	700
合计	—	332 200	2 700

要求:分别计算这三种商品在两个市场的平均价格。

3. 某厂产品产量及出厂价格资料如下：

产品名称	计量单位	产量		出厂价格/元	
		基期	报告期	基期	报告期
甲	吨	6 000	5 000	110	100
乙	台	10 000	12 000	50	60
丙	件	40 000	41 000	20	20

要求：对该厂总产值变动进行因素分析。（计算结果百分数保留2位小数）

4. 某生产车间30名工人日加工零件数（件）如下：

30	26	42	41	36	44	40	37	37	25
45	29	43	31	36	36	49	34	47	33
43	38	42	32	34	38	46	43	39	35

要求：

（1）将以上资料分成如下几组：25～30，30～35，35～40，40～45，45～50，计算各组的频数和频率，编制次数分布表。

（2）根据整理表计算工人平均日产零件数。

5. 某集团公司销售的三种商品的销售额及价格提高幅度资料如下：

商品种类	单位	商品销售额/万元		价格提高幅度/%	个体价格指数 K/%
		基期 p_0q_0	报告期 p_1q_1		
甲	条	10	11	2	102
乙	件	15	13	5	105
丙	块	20	22	0	100

要求：计算价格总指数和销售额总指数。

6. 某地区 2013—2017 年粮食产量资料如下：

年　份	2013	2014	2015	2016	2017
粮食产量/吨	434	472	516	584	618

要求：

（1）计算各年的逐期增长量、累计增长量、环比发展速度、定基发展速度。

（2）计算 2013—2017 年该地区粮食产量的年平均增长量和粮食产量的年平均发展速度。

（3）如果从 2017 年以后该地区的粮食产量按 8% 的增长速度发展，2023 年该地区的粮食产量将达到什么水平？

7. 为评价某家电行业售后服务的质量，随机抽取了由若干个家庭构成的一个样本。服务质量的等级分别表示为：A. 好；B. 较好；C. 一般；D. 差；E. 较差。调查结果如下：

C	B	C	E	D	B	C	C	B
D	A	D	B	C	D	E	C	E
B	E	C	C	A	D	C	B	A
B	A	C	D	E	A	B	D	D
A	D	B	C	C	A	E	D	C
B	A	C	D	E	B	D	D	C

要求：根据上面的调查结果，绘制恰当的统计图。

统计基础职业能力综合测试(二)

一、单项选择题(每题 1 分,共 15 分)

1. 某城市进行工业企业未安装设备普查,总体单位是( )。
   A. 工业企业全部未安装设备   B. 工业企业每一台未安装设备
   C. 每个工业企业的未安装设备   D. 每一个工业企业

2. 在全国人口普查中( )。
   A. 男性是品质标志   B. 人的年龄是变量
   C. 人口的平均寿命是数量标志   D. 某家庭的人口数是统计指标

3. 指标是说明总体特征的,标志是说明总体单位特征的,所以( )。
   A. 标志和指标之间的关系是固定不变的
   B. 标志和指标之间的关系是可以变化的
   C. 标志和指标都是可以用数值表示的
   D. 只有指标才可以用数值表示

4. 次数分配数列是( )。
   A. 按数量标志分组形成的数列
   B. 按品质标志分组形成的数列
   C. 按数量标志或品质标志分组形成的数列
   D. 按总体单位数分组形成的数列

5. 总量指标按反映总体的内容不同,分为( )。
   A. 时期指标和时点指标   B. 总体标志总量和总体单位总数
   C. 数量指标和质量指标   D. 实物量指标、价值量指标和劳动量指标

6. 若甲单位的平均数比乙单位的平均数小,但甲单位的标准差比乙单位的标准差大,则( )。
   A. 甲单位的平均数代表性比较大   B. 甲单位的平均数代表性比较小
   C. 两单位的平均数代表性一样大   D. 无法判断

7. 某企业 5 月份计划要求销售收入比上月增长 8%,实际增长 12%,其超计划完成程度为( )。
   A. 103.70%   B. 50%   C. 150%   D. 3.7%

8. 假定某产品产量 2017 年比 2012 年增加了 35%,则 2012—2017 年的年平均发展速

度为(　　)。

A. $\sqrt[5]{135\%}$ B. $\sqrt[5]{35\%}$ C. $\sqrt[6]{135\%}$ D. $\sqrt[6]{135}$

9. 相邻的两个定基发展速度的(　　)等于相应的环比发展速度。

A. 和 B. 差 C. 积 D. 商

10. 某商店销售量增长10%，商品零售价格也增长10%，则商品销售额增长(　　)。

A. 25% B. 15% C. 20% D. 21%

11. 统计指数划分为数量指数和质量指数的依据是(　　)。

A. 反映的对象不同 B. 反映指标的性质不同
C. 采用的基期不同 D. 编制的指数方法不同

12. 某企业的职工工资水平比上年提高5%，职工人数增加2%，则企业工资总额增长(　　)。

A. 10% B. 7.1% C. 7% D. 11%

13. 某车间7位工人的日产零件数为16,20,25,23,12,35,27件，则它的全距为(　　)。

A. 25 B. 17 C. 23 D. 10

14. 计算平均指标最常用的方法和最基本的形式是(　　)。

A. 中位数 B. 调和平均数 C. 算术平均数 D. 众数

15. 2007—2017年间，甲地的农业生产总值平均增长速度是乙地的105%，这是(　　)。

A. 动态相对指标 B. 比例相对指标
C. 比较相对指标 D. 强度相对指标

二、多项选择题(每题2分，共20分)

1. 要了解某地区全部成年人口的就业情况，那么(　　)。

A. 全部成年人口是研究的总体 B. 成年人口总数是统计指标
C. 成年人口就业率是统计标志 D. 某人职业是教师是标志表现
E. 反映每个人特征的职业是数量指标

2. 下列变量属于离散变量的有(　　)。

A. 机床台数 B. 学生人数 C. 耕地面积 D. 粮食产量
E. 汽车产量

3. 下列各项属于统计指标的有(　　)。

A. 我国2017年国民生产总值 B. 某同学该学期平均成绩
C. 某地区出生人口总数 D. 某市工业劳动生产率
E. 某企业全部工人生产某种产品的人均产量

4. 重点调查(　　)。

A. 是一种非全面调查
B. 只能是一次性调查
C. 可据所有重点单位的数量特征推断总体特征

D. 适用于调查任务只要求掌握基本情况的对象
E. 可以是经常性调查,也可以是一次性调查

5. 下列分组属于按数量标志分组的有( )。
   A. 学生按健康状况分组
   B. 工人按出勤率状况分组
   C. 企业按固定资产原值分组
   D. 家庭按收入水平分组
   E. 人口按地区分组

6. 下列各项属于连续型数量标志的有( )。
   A. 住房面积
   B. 商店的商品销售额
   C. 高校的大学生人数
   D. 人口的出生率
   E. 工业增长速度

7. 下列各项属于统计指标的有( )。
   A. 某台机床使用年限
   B. 2010年全国人均总产值
   C. 某市年供水量
   D. 某市原煤产量
   E. 某学员平均成绩

8. 普查是一种( )。
   A. 专门组织的调查
   B. 经常性调查
   C. 一次性调查
   D. 全面调查
   E. 非全面调查

9. 统计表按主词的分组情况不同,可分为( )。
   A. 简单表   B. 简单分组表   C. 复合分组表   D. 单一表
   E. 一览表

10. 下列指标属于总量指标的有( )。
    A. 国内生产总值   B. 人均利税总额   C. 利税总额   D. 职工人数
    E. 固定资产原值

三、判断题(每小题1分,共10分)

1. 某市的人口数、学校数、工厂数是连续变量。( )
2. 统计表从其表式结构看由主词和宾词两部分组成。( )
3. 结构相对数只能在分组基础上计算,且分子、分母不能互换。( )
4. 强度指标是表明社会经济现象的强度、密度和普遍程度的综合指标。( )
5. 某企业计划劳动生产率比上年提高10%,实际比上年提高15.5%,则计划完成程度为105%。( )
6. 时点指标数值大小受计算期时间长短的影响。( )
7. 若权数都相等,则加权算术平均数等同于简单算术平均数。( )
8. 统计指数按所反映指标的性质不同,分为个体指数和总指数。( )
9. 编制质量指标指数时,一般将同度量因素固定在基期。( )
10. 某种商品报告期比基期销售额增长5.3%,价格下降2.5%,则销售量增长了8%。( )

四、计算分析题(第1题10分,第2题12分,第3题10分,第4题8分,第5题8分,第6题7分,共55分)

1. 某企业产品总成本和产量资料如下:

产品名称	总成本/万元		产量增长/%	个体产量指数 K/%
	基期 p_0q_0	报告期 p_1q_1		
甲	100	120	20	120
乙	50	46	2	102
丙	60	60	5	105

要求:

(1) 计算产品产量总指数及由于产量增长而增加的总成本。

(2) 计算本指数及总成本增减绝对额。

2. 某地区历年粮食产量如下:

年 份	2013	2014	2015	2016	2017
粮食产量/吨	434	472	516	584	618

要求:

(1) 试计算各年的环比发展速度及年平均增长量。

(2) 如果从2017年起该地区的粮食生产以10%的增长速度发展,预计到2021年该地区的粮食产量将达到什么水平?

3. 甲、乙两班同时参加基础会计课程的测试,甲班平均成绩为81分,标准差为9.5分;乙班的成绩分组资料如下:

按成绩分组/分	学生人数/人
60 以下	4
60~70	10
70~80	25
80~90	14
90~100	2

要求:计算乙班学生的平均成绩,并比较甲、乙两班哪个班的平均成绩更有代表性。

4. 某行业管理局所属40个企业2017年的产品销售收入数据(单位:万元)如下:

152	124	129	116	100	103	92	95	127	104
105	119	114	115	87	103	118	142	135	125
117	108	105	110	107	137	120	136	117	108
97	88	123	115	119	138	112	146	113	126

要求:

(1) 将上面的数据进行适当分组,编制频数分布表,并计算出累积频数和累积频率。

(2) 按规定,销售收入在125万元以上为先进企业,115~125万元为良好企业,105~115万元为一般企业,105万元以下为落后企业,按先进企业、良好企业、一般企业、落后企业进行分组。

5. 某厂三个车间一季度生产情况如下：

第一车间实际产量为 190 件，完成计划 95%；第二车间实际产量为 250 件，完成计划 100%；第三车间实际产量为 609 件，完成计划 105%。三个车间产品产量的平均计划完成程度为：

$$\frac{95\% + 100\% + 105\%}{3} = 100\%$$

另外，第一车间产品单位成本为 18 元/件，第二车间产品单位成本为 12 元/件，第三车间产品单位成本为 15 元/件，则三个车间平均单位成本为：

$$\frac{18 + 12 + 15}{3} = 15(元/件)$$

要求：请判断以上平均指标的计算是否正确。若不正确，请说明理由并改正。

6. 某百货公司连续 40 天的商品销售额（单位：万元）情况如下：

41	25	29	47	38	34	30	38	43	40
46	36	45	37	37	36	45	43	33	44
35	28	46	34	30	37	44	26	38	44
42	36	37	37	49	39	42	32	36	35

要求：请对上面的数据进行恰当分组，编制频数频率分布表，并在一张图上绘制频数直方图和频率折线图。